ADAC
Reiseführer

Kanada

Der Osten

von Andreas Srenk

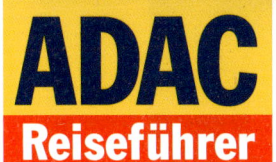

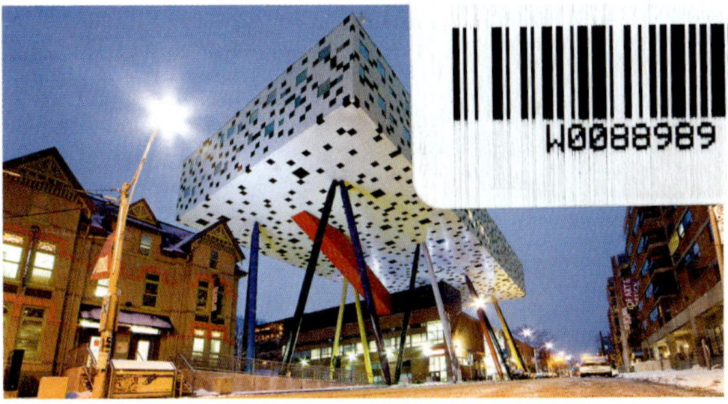

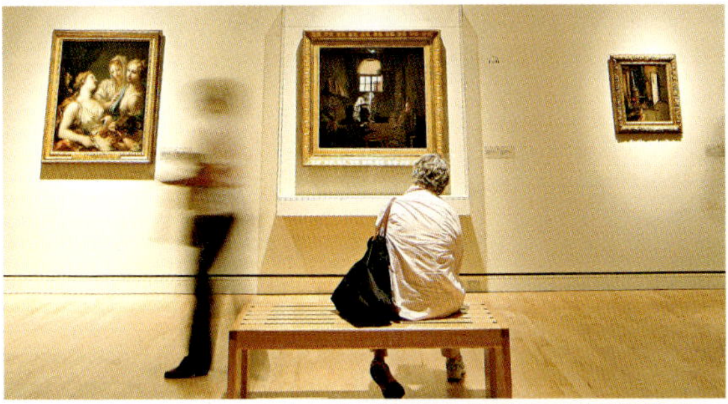

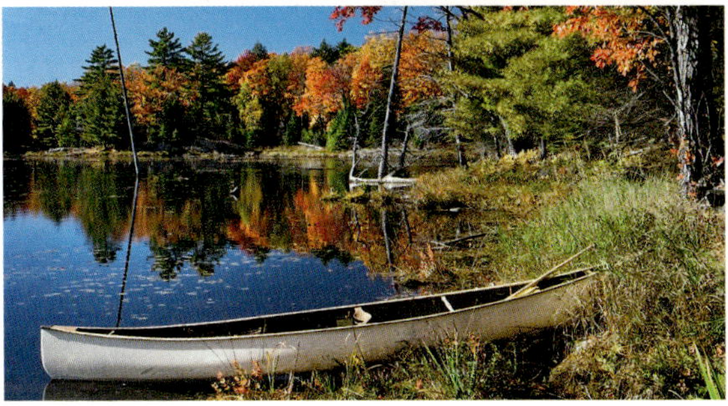

☐ Intro

☐ Unterwegs

☐ Service

Leserforum

Die Meinung unserer Leserinnen und Leser ist
wichtig, daher freuen wir uns von Ihnen zu hören.
Wenn Ihnen dieser Reiseführer gefällt, wenn Sie
Hinweise zu den Inhalten haben – Ergänzungs-
und Verbesserungsvorschläge, Tipps und Korrek-
turen – dann kontaktieren Sie uns bitte:

Redaktion ADAC Reiseführer
ADAC Verlag GmbH
Am Westpark 8, 81365 München
Tel. 089/76 76 41 59
reisefuehrer@adac.de
www.adac.de/reisefuehrer

Kanada Impressionen

Grandiose Natur und verlockende Metropolen

Film ab: In den Köpfen der meisten Besucher lässt das Stichwort *Kanada* Bilder von endlosen Wäldern, farbenprächtigen Laubbäumen im Herbst, glitzernden Seen und rauen Meeresküsten entstehen. Damit liegen sie natürlich richtig, erhalten aber im Osten des Landes etliche Zugaben: Auf dem Frühstückstisch knusprige Baguette und duftenden Café au lait, zum Dinner frischeste Meeresfrüchte wie Jakobsmuscheln und Hummer, dazu fruchtige Weißweine, wahlweise im feinen Restaurant einer Millionenmetropole oder im einfachen Lokal eines Fischerdorfs. Die Vielfalt setzt sich fort mit hochkarätigen Opernaufführungen an der Place des Arts in Montréal oder mit schottischer Volksmusik in Nova Scotia,

mit ultramoderner Weltstadtarchitektur in Toronto und geschichtsträchtigen Museumsdörfern wie dem Upper Canada Village, die von historisch kostümierten Farmern, Handwerkern und Hausfauen bevölkert sind.

Über 15 Mio. Reisende aus aller Welt besuchten 2009 Orte und Sehenswürdigkeiten in den zehn Provinzen und drei Territorien zwischen Pazifik und Polarmeer, Atlantik und den USA. Trotz des hohen Besucheraufkommens finden Naturfans selbst im Hochsommer ruhige Plätze an den unzähligen Seen Ontarios und den Meeresküsten New Brunswicks, in den dichten Wäldern Ontarios und den Bergen Neufundlands. Die grandiose, in weiten Teilen noch unberührte Land-

Links: *Vorsichtige Annäherung – Eisberge vor der neufundländischen Küste*
Ganz oben: *Michael Lee-Chin Crystal des Royal Ontario Museum in Toronto*
Mitte: *Montréals Place d'Armes mit der Statue von Paul de Chomedey*

schaft ist das Pfund, mit dem die Kanadier am meisten wuchern. Zahlreiche **National- und Provinzparks** verbinden Komfort und Abenteuer zu einem perfekten Naturerlebnis. Für den wildniserprobten Outdoor-Enthusiasten bietet das riesige, kaum erforschte Hinterland im Norden sogar die Möglichkeit, bis an die eigenen physischen Grenzen zu gehen. Ob man mit dem Kanu über Hunderte von Kilometern durch nahezu unberührte **Seenlandschaft** gleiten, mit Zelt und Angel gerüstet durch einsame **Wälder** und Flussgebiete wandern oder auf den

Pfaden von Elchen, Karibus und Bären durch die **Wildnis** streifen möchte, Kanadas Osten ist in jeder Hinsicht ein Paradies für Naturliebhaber. Denn vier Fünftel der 34 Mio. Kanadier leben in einem 150 km breiten Streifen entlang der Grenze zu den USA und lassen große Teile dieses mit 10 Mio. km^2 zweitgrößten Landes der Erde praktisch unbewohnt.

Die Mehrzahl der überseeischen Besucher Kanadas landet allerdings erst einmal in der Millionenstadt **Toronto**. Denn auch das ist Kanada: Metropolen von Weltrang wie Toronto und **Montréal**, die mit futuristischer Architektur und modernen Shopping Malls aufwarten, dazu die eher beschauliche Hauptstadt **Ottawa**, die über zahlreiche repräsentative Gebäude und Museen erster Güte verfügt, **Québec City**, die europäischste Stadt Ostkanadas, die dank ihrer Stadtmauern und gediegenen Palais altehrwürdigen Charme hat, und schließlich, an einem der schönsten Naturhäfen weltweit, **Halifax**, die maritime Mini-Metropole.

Spuren aus Nachbarschaft und Geschichte

Vor allem Erstbesucher verfallen leicht der Täuschung, Kanada sei den **USA** zum Verwechseln ähnlich. Highways, Wohnhäuser und Shopping Centers könnten genauso in einer Metropole der USA stehen. Und nicht zuletzt werden kanadische Filmgrößen wie ›Blues Brother‹ Dan Aykroyd oder ›Captain Kirk‹ William Shatner und Musikstars wie Diana Krall, Celine Dion oder Bryan Adams oft für US-Amerikaner gehalten.

Die Kanadier sind auf solche Irrtümer gefasst und wissen sie geduldig aufzuklären. Zugleich grenzen sie sich selbstbewusst vom Nachbarn im Süden ab. So ist das Land zwar auch eine **multiethnische Gesellschaft**, hat aber nicht mit den sozialen Problemen zu kämpfen wie die USA. Stark prägten die Entwicklung Kanadas auch die Konflikte zwischen den Mutterländern England und Frankreich. Vor allem das 18. Jh. sah mal die **Briten**, mal die **Franzosen** auf der Siegerseite, bis nach dem Siebenjährigen Krieg im Frieden von Paris 1763 die französischen Besitzungen in Nordamerika endgültig an England fielen. In der Folge grenzten sich die frankophonen Bewohner Ostkanadas über ihre Sprache und Kultur von den Englisch sprechenden Mitbürgern ab – und dies ist bis heute vor allem in der Provinz Québec spürbar.

Die Provinzen

So verwundert es nicht, dass man in **Québec** in eine andere Welt eintaucht. Zunächst haben viele Touristen Probleme mit dem harten, altertümlich wirkenden Akzent der Québecois, der an das Bretonische erinnert. In Québec spüren sie jedoch auch das beschwingte Lebensgefühl der Frankokanadier. Das französische Flair hat sich bis heute in vielen Lebensbereichen erhalten: im Straßencafé von Montréal genauso wie beim Schwätzchen auf dem Land und natürlich auf der mit französischen Gaumenfreuden gespickten Speisekarte.

Nach *Montréal,* einer der größten frankophonen Städte der Welt, ist die Kunst- und Kulturstadt *Québec City* die wichtigste städtische Destination der Provinz. Großartige Landschaften wiederum erschließen sich beim Wandern auf der *Gaspé-Halbinsel* oder während des Indian Summer in den hügeligen Laurentides nahe *Montréal.*

Die Provinz **Ontario** gilt als das Herz Kanadas. Hier gibt man sich geschichtsbewusst, erinnert sich gern des britischen Erbes, betont jedoch zugleich die Unabhängigkeit Kanadas von Europa und genießt die Rolle des Schrittmachers im Land. Diese offenbart sich besonders in *Toronto* mit seiner avantgardistischen Architektur und seiner aufregend-vielseitigen Theaterszene. Zweites Städteziel in Ontario ist *Ottawa* mit seinen imposanten Regierungsgebäuden und hochkarätigen Kunstsammlungen. Mutter Natur überbietet sich selbst an den donnernden *Niagara Falls* und im wasserreichen, wilden *Algonquin Provincial Park.*

Die kühlen **Atlantikprovinzen** blicken auf ein mindestens genauso spannendes Erbe zurück wie Ontario und Québec. Zu den ›Maritimes‹ zählen New Brunswick, Prince Edward Island, Nova Scotia und Newfoundland. Diese Provinz setzt sich aus der Insel Neufundland und großen Teilen der Halbinsel Labrador auf dem Festland zusammen.

Lange spielte hier der internationale Tourismus kaum eine Rolle, doch inzwischen hat sich einiges zugunsten der östlichen Provinzen verändert. **Nova Scotias** Kapitale *Halifax* gilt weithin als ›In-Stadt‹ mit hoher Lebensqualität, und auf *Cape Breton Island* bietet eine Rundfahrt entlang des Cabot Trail immer wieder fantastische Ausblicke auf Meer und Küste. Die kleinste Provinz, **Prince Edward Island**, begeistert Freunde von fangfrischem Seafood und bietet in Atlantikhäfen wie *Summerside* authentische maritime Atmosphäre. Wieder auf dem Festland lockt das benachbarte **New Brunswick** mit seiner charmanten Hauptstadt *Fredericton* und einem faszinierenden Naturphänomen, dem weltgrößten Gezeitenunterschied in der *Bay of Fundy*.

Die Bevölkerung **Neufundlands** stimmte erst 1949 dem Beitritt zur kanadischen Konföderation zu. Die Provinz bietet ihren noch relativ wenigen Besuchern viel Raum für die Erkundung unberührter Natur. Auf der Insel Neufundland haben Bären, Füchse und Karibus im *Gros Morne National Park* ein Refugium, und *St. John's* präsentiert sein kulturelles Erbe in der postmodernen Architektur des Kulturzentrums The Rooms. In den Weiten **Labradors** fühlen sich sportlich aktive Naturliebhaber und Individualisten wohl.

Pioniere und Ureinwohner

An zahlreichen Orten in Ostkanada wandelt der historisch Interessierte auf den Spuren der europäischen Entdecker des 15.–17. Jh. So erinnert eine Gedenktafel am Hafen von Halifax an den Seefahrer **John Cabot**. Andere Denkmäler und Museen würdigen die Verdienste von Jacques Cartier und Etienne Brulé. Festungen wie die Zitadelle von Québec, Statuen wie die von **Samuel de Champlain** in Québec City, die Namen von Straßen und Plätzen weisen den Weg zu den Anfängen, als Kanada noch Spielball anderer Mächte war.

Didaktisch ausgezeichnet aufbereitete **National Historic Sites** wie die Festung von Louisbourg werden von original-kostümierten Laiendarstellern präsentiert. Sie sind hervorragende Beispiele für die unterhaltsame Vermittlung der kanadischen Landesgeschichte.

Damit ist zunächst natürlich die Historie der ›Zugereisten‹ gemeint, doch auch Kultur und Geschichte der **Indianer** und **Inuit** werden zunehmend gewürdigt. Am umfangreichsten dokumentiert ihre Lebenswelt das *Canadian Museum of Civilization* in Ottawa.

Das perfekte Reiseziel

Immer wieder sind Kanada-Besucher davon beeindruckt, dass sie überall in

Links: *Raumwunder Gros Morne National Park auf der Insel Neufundland*
Oben links: *Feuer frei für die Franzosen in der Fortress of Louisbourg/Nova Scotia*
Oben rechts: *Im Village Historique Acadien in New Brunswick werden Kultur und Alltag des 18. und 19. Jh. lebendig*

diesem weiten Land auf **gastfreundliche Menschen** treffen, die ihnen mit Herzlichkeit und Interesse begegnen und bereitwillig weiterhelfen. Reisende profitieren davon, dass in dem klassischen Einwanderungsland der Umgang mit Menschen aus anderen Staaten und Kulturkreisen selbstverständlicher Alltag ist. Die ethnische Vielfalt Ostkanadas spiegelt sich in **Kulturmonumenten** und Brauchtum von schottischer Folklore in Nova Scotia und Fortifikationen aus der englischen Kolonialzeit über den französischen Charme Québecs bis zum quirligem Leben in der Chinatown Torontos. Perfektion aber verleihen dem Urlaubsziel Ost-Kanada seine **Naturschönheiten**, angefangen von den atemberaubenden Niagara Falls über den Kejimkujik National Park, den Lebensraum von Schwarzbären und Bibern, bis zu den einsamen Seen und Wäldern Labradors.

Geschichte, Kunst, Kultur im Überblick

Indianer und Inuit, Franzosen und Engländer
Architektur, Film und Literatur in und aus Kanada

um 12 000 v. Chr. Die Vorfahren der Inuit und der Indianer wandern über die Landbrücke zwischen Alaska und Sibirien nach Nordamerika ein.

um 2000 v. Chr. Angehörige der sog. Dorset-Kultur siedeln in den Küstenregionen der kanadischen Arktis. Sie leben in kleinen, clanartigen Gruppen, fertigen einfache Werkzeuge aus Stein und ernähren sich von Fisch und Wild.

um 1000 n. Chr. Wikinger unter Leif Erikson erreichen mit ihren Holzbooten Neufundland und bauen bei L'Anse-aux-Meadows erste Siedlungen.

um 1400 Fischer aus England, Frankreich und Portugal entdecken die reichen Fanggründe vor der Küste Ostkanadas.

1497 Der italienische Seefahrer Giovanni Caboto (John Cabot) segelt für die englische Krone an die kanadische Ostküste. Als er seinen Auftraggebern vom Fischreichtum der Region erzählt, zeigen sich diese wenig beeindruckt, da sie auf Goldfunde gehofft hatten.

1534/35 Der Franzose Jacques Cartier erkundet bei zwei Reisen den St.-Lorenz-Strom flussaufwärts bis in das Gebiet des heutigen Montréal und nimmt das Land für Frankreich in Besitz. Auf einem Berg beim Indianerdorf Hochelaga, dem er den Namen Mont Royal (Montréal) gibt, errichtet er ein Kreuz für König Franz I.

1583 Sir Humphrey Gilbert nimmt die Insel Neufundland für die englische Krone in Besitz.

1603 Samuel de Champlain kartographiert als erster Teile Kanadas.

1605 In der Nähe des heutigen Annapolis Royal in Nova Scotia entsteht eine dauerhafte französische Siedlung.

1608 Champlain gründet Québec. Die Siedlung wird die erste permanente europäische Niederlassung am St.-Lorenz-Strom, der Pelztierhandel zur wichtigsten Einnahmequelle von Nouvelle France.

1610 Auf der Suche nach der Nordwestpassage, der Schiffsverbindung zwischen Atlantik und Pazifik, entdeckt der englische Seefahrer Henry Hudson die nach ihm benannte Bay im Nordosten des Kontinents.

1615 Samuel de Champlain erreicht auf einer Expeditionsreise die Großen Seen.

1625 Die ersten Jesuiten kommen nach Québec und versuchen, die Indianer zum christlichen Glauben zu bekehren.

1642 Paul de Maisonneuve gründet nach einer Karriere in der französischen Armee im Auftrag der Jesuiten die Siedlung Ville-Marie, das spätere Montréal.

Im Auftrag Englands landete Giovanni Caboto 1497 an Kanadas Küste

1667 Unter König Ludwig XIV. wird Kanada französische Provinz.

1670 Englische Adelige gründen in London die privatwirtschaftliche Hudson Bay Company. Dieser Gesellschaft wird vom englischen König Karl II. das Recht verliehen, im Gebiet jener Flüsse, die in die Hudson Bay münden, Pelzhandel zu treiben.

1689 Die kriegerischen Auseinandersetzungen zwischen Briten und Franzosen in Europa wirken sich auf Kanada aus. In den Folgejahren wird die Hudson Bay Company von französischer Seite bekämpft.

1690 Mehr als 10 000 Siedler aus Europa leben in Kanada.

1713 Im Utrechter Frieden werden den Engländern Akadien (Nova Scotia), das Hudson-Bay-Gebiet und Neufundland zugesprochen, Frankreich erhält New Brunswick, Cape Breton und Prince Edward Island.

1713–44 Diese drei Jahrzehnte gelten in der noch jungen kanadischen Geschichte als Friedensperiode. Durch Pelzhandel, Fischfang und Handwerk steigt der Wohlstand des Landes.

1744–48 Frankreich und England führen wieder Krieg um ihre Kolonien in Nordamerika. 1745 überrennen die Briten die stark gesicherte Festung Louisbourg in der heutigen Provinz Nova Scotia.

1749 Edward Cornwallis gründet Halifax als englischen Marinestützpunkt.

1753 Norddeutsche Protestanten aus der Gegend um Lüneburg siedeln sich in Nova Scotia an und gründen die Stadt Lunenburg.

1756–63 Der Siebenjährige Krieg der europäischen Groß-

Jacques Cartier erforschte um 1534 das St.-Lorenz-Gebiet

mächte wirkt sich bis in die Kolonien aus: Frankreich, zermürbt durch zahlreiche Schlachten gegen Preußen, verliert nach dem Sieg des englischen Generals James Wolfe über den Marquis de Montcalm bei Québec City die Herrschaft über die gesamte Provinz.

1763 Durch den Pariser Frieden wird Kanada britisch. Nur die beiden Inseln St. Pierre und Miquelon bleiben bei Frankreich.

1774 Beim Kongress aller englischen Kolonien Nordamerikas in Philadelphia sprechen sich die Teilnehmer für die Loslösung vom englischen Mutterland aus. Das englische Parlament verabschiedet den ›Québec Act‹, der den Franzosen in Kanada eine religiöse und kulturelle Sonderstellung zugesteht, vor allem manifestiert in dem Recht auf die Anwendung der französischen Sprache.

1776 General Friedrich Adolf Riedesel landet mit 4000 Siedlern aus Braunschweig im Gebiet des heutigen New Brunswick.

1783 Die USA erreichen durch den Frieden von Paris ihre Unabhängigkeit von England. Daraufhin verlassen etwa 50 000 Loyalisten den jungen Staat und siedeln sich in Kanada an.

1791 Im ›Canada Act‹ wird Québec in Oberkanada (Ontario) und Unterkanada (Französisch-Québec) geteilt.

1792 Eine Forschungsexpedition unter der Führung von Alexander Mackenzie durchquert als erste den Kontinent und erreicht 1793 den Pazifischen Ozean.

1812–14 Grenzstreitigkeiten zu Beginn des 19. Jh. führen zum Amerikanisch-Britischen Krieg. 1813 erleiden die Amerikaner bei Châteaugay eine schwere Niederlage gegen die Engländer, die mit den unter Häuptling Tecumseh vereinigten Indianerstämmen verbündet sind.

1815 Im Frieden von Gent wird der Krieg beendet.

1818 Amerikaner und Briten einigen sich auf den 49. Breitengrad als kanadisch-amerikanische Staatsgrenze zwischen der Pazifikküste und den Großen Seen. Diese werden zur neutralen Zone erklärt.

1841 Ober- und Unterkanada werden nach 50 Jahren wieder vereinigt: ein Versuch, die Frankokanadier zu assimilieren.

1848 Nova Scotia erhält als erste Provinz die politische Autonomie.

1867 Der ›British North America Act‹ konstituiert das ›Dominion of Canada‹. Die Provinzen Ontario, Québec, Nova Scotia und New Brunswick werden zu einem Staat unter voller politischer Autonomie vereinigt.

1869 Die Hudson Bay Company überlässt das von ihr kontrollierte Territorium Kanada. Dadurch gewinnt das Land enorm an Fläche.

1873 Prince Edward Island schließt sich dem kanadischen Bundesstaat an.

1885 Die Canadian Pacific Railway wird fertiggestellt. Reisende können das Land jetzt vom Atlantik bis zum Pazifik auf Schienen durchqueren.

1896 Nach Goldfunden am Klondike im Yukon-Territory erfasst ein Goldrausch Nordamerika.

1901 Der Elektroingenieur Guglielmo Marconi empfängt auf dem Signal Hill bei St. John's auf Neufundland den ersten transatlantischen Funkspruch.

1914–18 Kanada nimmt an der Seite der Alliierten am Ersten Weltkrieg teil. Mehr als 60 000 Kanadier lassen ihr Leben.

1921 Der Liberale William Mackenzie King übernimmt das Amt des Premierministers. Er ist – mit Unterbrechungen – 22 Jahre Ministerpräsident des Landes.

1931 Durch das Statut von Westminster wird Kanada souveräner Staat im British Commonwealth of Nations.

1939–45 Auch im Zweiten Weltkrieg kämpft Kanada auf Seiten der Alliierten gegen die Deutschen.

1945 Kanada wird in San Francisco eines der 50 Gründungsmitglieder der Vereinten Nationen.

1949 Neufundland tritt nach einer Volksabstimmung als letzte Provinz dem kanadischen Bund bei. Kanada unterzeichnet den Nordatlantikvertrag (NATO).

1959 Der St.-Lorenz-Seeweg, die Verbindung zwischen dem Atlantischen Ozean und den fünf Großen Seen, wird eröffnet.

1960 In der ›Bill of Rights‹ erhalten die Ureinwohner Kanadas – die Indianer und die Inuit – erstmals das Bundeswahlrecht.

1965 Die kanadische Nationalflagge mit dem roten Ahornblatt wird zum ersten Mal gehisst.

1967 Hundertjähriges Bestehen des Staates Kanada und Weltausstellung Expo in Montréal.

1968 Pierre Trudeau von den Liberalen gewinnt die Wahl zum Premierminister.

René Lévesque gründet die stark separatistisch ausgerichtete Parti Québecois.

1969 Der ›Official Languages Act‹ tritt in Kraft. Dieses Gesetz regelt die Anerkennung von Englisch und Französisch als offizielle Amtssprachen von Kanada.

1970 Trudeau verhängt das Kriegsrecht, nachdem Extremisten der ›Front de Libération du Québec‹ terroristische Anschläge verübt und den Arbeitsminister der Provinz ermordet haben.

1976 Die XXI. Olympischen Sommerspiele finden in Montréal statt. Das Olympiastadion mit seinem schräg stehenden Turm wird Wahrzeichen der Stadt.

1980 Ein von der Parti Québecois angestrengtes Referendum über den Austritt aus der kanadischen Konföderation wird von rund 60% der Provinzbevölkerung abgelehnt.

1982 Die letzten noch gültigen Vollmachten des britischen Parlaments werden durch den ›Canada Act‹ aufgehoben. Ottawa ist ab sofort für Verfassungsände-

Auf Pow-Wows pflegen Ureinwohner ihre Traditionen

rungen alleinverantwortlich zuständig. Damit erhält Kanada auch formal seine volle Unabhängigkeit.

1984 Brian Mulroney von der Progressive Conservative Party wird neuer Premierminister von Kanada.

1988 Ottawa zahlt den indigenen Völkern der Métis und Dene insgesamt 500 Mio. kanadische Dollar Entschädigung und gesteht ihnen Landrechte in den North West Territories zu.

1989 Der 1929 in Toronto geborene Architekt Frank Gehry, bekannt für seine dekonstruktivistischen Bauten, wird mit dem Pritzker Prize, dem ›Nobelpreis für Architektur‹, ausgezeichnet.

1993 Aus den Parlamentswahlen geht Jean Chrétien von der Liberal Party als neuer Premierminister hervor. Die Parti Québecois erreicht in der bevölkerungsstarken Provinz rund zwei Drittel der Mandate.

1994 Am 1. Januar tritt das trilaterale Wirtschafts- und Handelsabkommen NAFTA (North American Free Trade Association) nach jahrelangen Verhandlungen in Kraft. Die Vereinigten Staaten, Kanada und Mexiko formen den größten Wirtschafts- und Handelsblock der Welt.

1995 Das Referendum über die Loslösung der Provinz Québec von Kanada, das von der Parti Québecois angestrengt worden war, scheitert nur knapp.

Montréal 1976: Die olympische Flamme erreicht das Stadion

1997 Bei den vorgezogenen Parlamentswahlen im Juni kann Premierminister Jean Chrétien von der Liberal Party seine Mehrheit knapp behaupten.

1999 Im April entsteht das neue autonome Inuit-Territorium Nunavut (›Unser Land‹) mit der Hauptstadt Iqaluit. Es umfasst die Osthälfte der North West Territories und ist mit 33 000 Menschen extrem dünn besiedelt.

2001 Beim Summit of the Americas in Quebec City konkretisieren die Staats- und Regierungschefs Nord- und Südamerikas das Projekt der Panamerikanischen Freihandelszone FTAA.

2003 Im Dezember folgt Finanzminister Paul Martin seinem Parteikollegen Jean Chrétien im Amt des Regierungschefs. Außenpolitisch geht er auf Distanz zu den USA, indem er sich weigert, Truppen in den Irak-Krieg zu schicken.

2004 Die Liberale Partei, durch einen Sponsoren-Skandal aus der Regierungszeit Chrétiens schwer gebeutelt, verliert bei den Parlamentswahlen die Mehrheit. Nun regiert Martin mit einer Minderheitsregierung, die sporadisch von der Neuen Demokratischen Partei unterstützt wird.

2005 Mit 80 Filmen entstehen in Kanada mehr als doppelt so viele Streifen wie zehn Jahre zuvor. Zu den einheimischen Stars zählen Kiefer Sutherland, Keanu Reeves, Leslie Nielsen, Jim Carrey und Mike Myers.

2006 Die Konservativen unter Stephen Harper gewinnen die vorgezogenen Neuwahlen.

2007 Bei den Provinzwahlen in Québec am 26. März erleiden die regierenden Liberalen und die Parti Québecois Stimmenverluste.

2008 Aus den Unterhauswahlen geht der konservative Ministerpräsident Stephen Harper erneut als Sieger hervor und setzt seine Minderheitsregierung fort.

2010 Im Februar finden die XXI. Olympischen Winterspiele in Vancouver statt. Das Gastgeberland wird erfolgreichster Teilnehmer. –

Architekt Frank Gehry hält wenig von rechten Winkeln

Kanada richtet in Huntsville (Ontario) den 36. G8-Wirtschaftsgipfel aus, gefolgt vom G20-Treffen der führenden Industrie- und Schwellenländer in Toronto. – Die 1945 in Toronto geborene Joy Fielding veröffentlicht ihren Roman ›Das Verhängnis‹. Die Bücher der Psychothriller-Autorin wurden bisher in 23 Sprachen übersetzt und allein in Deutschland fünf Millionen Mal verkauft. – Staatsoberhaupt Queen Elizabeth II. besucht ihre Untertanen zum Canada Day in Ottawa.

Staatsbesuch zum Nationalfeiertag: Queen Elizabeth II. auf dem Parliament Hill in Ottawa

Am schönsten lässt sich das Winter Wonderland Kanada auf einer Hundeschlittentour erleben

Unterwegs

Ontario – das kraftvolle Herz Kanadas

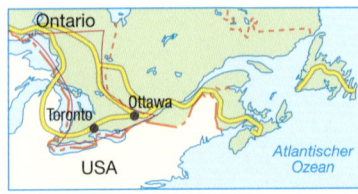

In der Irokesen-Sprache bedeutet das Wort Ontario ›glitzernder See‹ – in der Tat eine treffende Beschreibung der Provinz, die etwa auf halbem Weg zwischen Neufundland am Atlantik und Columbia am Pazifik liegt und als Herz Kanadas gilt. Denn mehr als 250 000 Seen, Flüsse mit einer Gesamtlänge von 60 000 km sowie riesige Laub- und Nadelwälder machen ihren landschaftlichen Reiz aus. Jährlich kommen über 9 Mio. Touristen nach Ontario. Damit hat die Provinz mehr Besucher als jeder andere Landesteil.

Kanadas Hauptstadt **Ottawa**, mit dem National Arts Centre und anderen hochkarätigen Kunst- und Kultureinrichtungen ausgestattet, liegt ebenso in Ontario wie die größte Stadt des Landes: **Toronto**, noch in den 1960er-Jahren als verschlafen belächelt, hat sich zu einer Stadt des Entertainment mit 192 Theater- und sechs Opern-Ensembles entwickelt.

Fast ein Drittel der Einwohner Kanadas lebt in dieser Provinz, die mit knapp 1,1 Mio. km^2 dreimal so groß wie Deutschland ist. Relativ stark besiedelt ist der Streifen entlang der US-amerikanischen Grenze.

Obwohl viele Städte von **urwüchsige Natur** umgeben sind, bekommt der Reisende erst bei der Fahrt in den Norden und Westen der zweitgrößten kanadischen Provinz einen unvergesslichen Eindruck von der **Weite** und Einsamkeit des Landes. Daneben erwarten ihn spektakuläre Naturschauspiele wie die **Niagara Falls**, Kanadas berühmteste Touristenattraktion, sowie malerische Weingüter und fruchtbares Farmland.

1 Toronto

*Modernste Architektur und viktoria-
nische Bauten, riesige Shopping
Malls und beeindruckende Museen –
Kunst und Kommerz in reizvoller
Symbiose.*

Die meisten Touristen aus Mitteleuropa
betreten kanadischen Boden wohl zuerst
auf dem Pearson International Airport in
Toronto und verbringen ein paar Tage in
der faszinierenden kanadischen Metropole mit ihrem kosmopolitischen Flair,
ihrer schicken Hochhausskyline und vielen interessanten Museen.

Im Ballungsraum Toronto leben rund
5,5 Mio. Menschen aus allen Teilen der
Welt. Kein Wunder daher, dass ein Dutzend ethnisch geprägter Viertel das
Stadtbild bunt macht, z.B. **Chinatown**
und **Koreatown**. Weltweit ist Toronto die
Stadt mit dem höchsten Anteil an nicht
im Land selbst geborenen Bewohnern. In
Greektown (eigentlich Danforth), östlich
des Zentrums, sind die Gemüseläden bis
in den Abend geöffnet und die Tavernen
auch spät in der Nacht gut besucht. Und
in **Little Italy** im Nordwesten sind die
Bars, Eisdielen und Pizzerien um College
Street und St. Clair Avenue West (›Corso

Italia‹) Bühnen für das Sehen und Gesehen werden.

Obwohl Toronto wie viele nordamerikanische Städte über Hochhäuser und
mit dem **CN Tower** auch über ein impo-
santes Wahrzeichen verfügte, erhielt es
erst in den letzten Jahren eine Skyline mit
zahlreichen unverwechselbaren Akzen-
ten. Ab 2002 entstanden fast gleichzeitig
Neubauten für kommunale Theater, ein
Konservatorium, die Oper, die Universität
und das Nationalballett. Die Pläne stammen von **Architekturstars** wie Norman
Foster und dem in Toronto geborenen
Frank Gehry.

Hatte Kanadas größte Stadt bis in die
1990er-Jahre noch mit dem Image zu
kämpfen, ein langweiliges Pflaster zu sein,
so boomt nun die **Kulturszene**: Schät-
zungsweise 10 000 Künstler leben und
arbeiten in der Stadt und haben ihre Ate-
liers und Studios vor allem rings um die
West Queen Street zwischen der Spadina
Avenue und der Dufferin Street eingerichtet. Die Filmindustrie profitierte von
der Entscheidung einiger Hollywood-
Studios, einen Teil ihrer Streifen in Toronto zu drehen. Zudem avancierte die Stadt
zur zweitgrößten nordamerikanischen
Theatermetropole nach New York. Gab
es 1962 nur zwei professionelle Bühnen,
so sind es heute mehr als 40. Der Veran-
staltungskalender ist hier gefüllt mit einer
bunten Mischung verschiedenster Thea-
ter-, Konzert- und Opernveranstaltungen
sowie Kabarett und Varieté.

Geschichte Am Ufer des Ontariosees,
westlich der heutigen City, wurde 1720
von den Franzosen die Handelsniederlas-
sung **Fort Toronto** gegründet – bis dahin
stand ›Toronto‹ für einen Wasserweg
zwischen Lake Simcoe und Lake Couchi-
ching weiter nördlich. Doch schon 1759,
während des Siebenjährigen Krieges,
zerstörten die Franzosen ihre Befestigung, um eine Nutzung durch die Briten
zu verhindern.

Anno 1793 errichtete Gouverneur **John
Simcoe** hier eine Siedlung nach europäi-
schem Vorbild nebst einem Fort, das er zu
Ehren des englischen Herzogs **York** nann-
te. Während des Amerikanisch-Britischen
Krieges wurde der kleine Ort 1813 in die
Kämpfe verwickelt und von den Ameri-
kanern teilweise niedergebrannt.

*Leuchtende Beispiele – Rogers Centre und
CN Tower in der abendlichen Skyline Torontos*

1834 erlangte York die **Stadtrechte**. Zugleich erhielt die Ansiedlung mit ihren knapp 10 000 Einwohnern wieder den ursprünglichen Namen Toronto. Große Einwanderungswellen aus Europa, besonders von Iren, die vor der Hungersnot in ihrer Heimat flohen, führten zu einem schnellen Bevölkerungswachstum. Um 1900 war eine Viertelmillion Einwohner verzeichnet. Ein Mann namens *Sam Ching* wurde damals im Einwohnerregister als erster Chinese aufgelistet. Damit

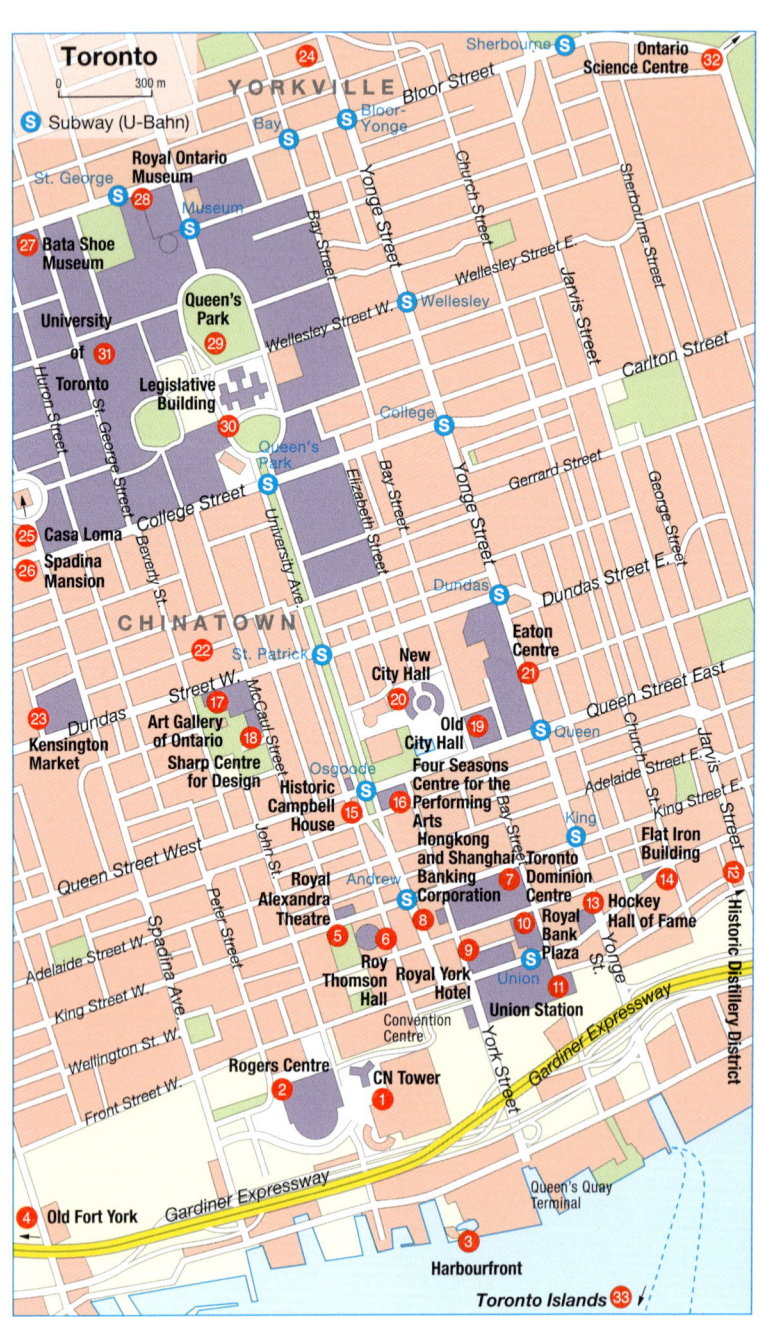

Torontos Yonge Street ist Theatermeile und Shopping-Quartier in einem

war der Beginn einer asiatischen **Einwanderungswelle** markiert, die die ethnische Zusammensetzung Torontos und Kanadas mehr und mehr veränderte.

In der ersten Hälfte des 20. Jh. wuchs Toronto rapide weiter. Eine riesige Zahl von Immigranten kurbelte nach dem Zweiten Weltkrieg die Wirtschaft zusätzlich an. 1953 dann schloss sich die Stadt mit einigen Nachbargemeinden zum urbanen Ballungszentrum **Metropolitan Toronto** zusammen.

Wegen der separatistischen Krisen in der Provinz Québec konnte Toronto die Stadt Montréal nach 1990 endgültig vom ersten Platz unter Kanadas Metropolen verdrängen. Banken und Versicherungskonzerne verlegten ihre Schaltzentralen an den Ontario-See, die Industrie folgte. Steigendes Steueraufkommen füllte den Stadtsäckel, und Toronto konnte viel Geld in den Ausbau der Infrastruktur sowie in den Aufbau von Kunst-, Kultur- und zahlreiche Bildungseinrichtungen stecken.

Im Juni 2010 richtete Toronto das **G20-Treffen** der führenden Industrie- und Schwellenländer aus. Heute leben im Ballungsraum 5,5 Mio. Menschen.

Downtown

Wie in den meisten nordamerikanischen Städten fällt auch in Toronto aufgrund des schachbrettartigen Straßenrasters die Orientierung leicht. Viele der Sehenswürdigkeiten liegen zwischen der Bloor Street im Norden, der Spadina Avenue im Westen, der Harbourfront im Süden und der Yonge Street im Osten.

Am besten beginnt man die Stadtbesichtigung am Wahrzeichen Torontos, dem **CN Tower** ❶ (www.cntower.ca, tgl. geöffnet, im Sommer 9–23 Uhr). Nach dreieinhalbjähriger Bauzeit wurde dieser mit 553 m zweithöchste Fernsehturm der Welt im Jahr 1976 fertiggestellt und umgehend zum beliebtesten Aussichtspunkt der Stadt. Noch heute bilden sich häufig lange Schlangen vor den Ticketschaltern. Sechs Außen*aufzüge, z. T. auch am Boden* verglast, bringen die Passagiere in weniger als einer Minute zum 346 m hoch gelegenen *Look Out* mit Café und Innenaussichtsplattform. Eine Etage tiefer, auf 342 m Höhe, sind in den Boden einer weiteren Aussichtsplattform Glasplatten eingelassen, die einen atemberaubenden Blick in die Tiefe ermöglichen. Auf dieser Ebene befindet sich auch das Outdoor Observation Deck. Wer es noch luftiger mag, fährt mit einem weiteren Lift und gegen ein Extra-Entgelt hinauf zum 447 m hohen *Sky Pod*. Von dort oben wirken selbst die drei höchsten Wolkenkratzer First Canadian, Bay Adelaide Centre und Scotia Plaza wie Spielzeughäuser.

Der CN Tower ist einer von 125 Einstiegspunkten in **PATH**, dem mit 27 km Länge weltweit größten Netz von unterirdischen Fußgängerpassagen mit 1200

Geschäften. Es reicht im Norden bis zur Dundas und im Osten bis zur Younge Street und verbindet 50 Gebäude miteinander, darunter das Eaton Centre, die Union Station und das Royal York Hotel.

Direkt neben dem CN Tower wölbt sich die futuristische Kuppel des **Rogers Centre** ❷. 1989 fertiggestellt, bietet diese multifunktionale Sportarena Platz für 65 000 Zuschauer. Die Baseballprofis der ›Blue Jays‹ tragen hier ihre meist ausverkauften Heimspiele aus. Ein technisches Meisterwerk ist das 30 000 m² große weiße Kuppeldach, das mittels Computertechnik geöffnet werden kann, um aus der Halle eine offene Arena zu machen. Wer das Zuschauervergnügen noch steigern will, kann in Logen, deren Miete entsprechend hoch ist, den Spielen auf äußerst komfortable Art beiwohnen. Von 70 der 348 Zimmer und Suiten im angeschlossenen 4-Sterne-Renaissance-Hotel [s. S 30] geht der Blick ebenfalls ungestört auf das Spielfeld – eine auch bezahlbare Alternative.

Vom Rogers Centre sind es nur wenige Minuten zu Fuß zur aufwändig hergerichteten **Harbourfront** ❸ mit dem angeschlossenen Harbourfront Park. Wo sich früher eine Ansammlung von alten Lagerhallen befand, reihen sich heute schicke Apartmenthäuser und Restaurants, Kneipen, Andenkenläden, Buchhandlungen und kunstgewerbliche Geschäfte aneinander. Im York Quay Centre sind zudem eine Kunstgalerie und ein Sommertheater untergebracht. Weiter im Südwesten liegt das Molson Amphitheatre für Open-Air-Konzerte. Es fasst 16 000 Zuschauer.

Nahe dem Gardiner Expressway Richtung Flughafen, an der Garrison Road, erhebt sich das **Old Fort York** ❹ (www.fortyork.ca, tgl. 10–17 Uhr, im Juli/Aug. Touren, Musik und Paraden), die 1793 von Gouverneur John Simcoe errichtete Befestigungsanlage. 1813, während des Amerikanisch-Britischen Krieges, wurde das Fort von US-Soldaten erobert und anschließend mit Unterkünften und Lagerräumen ausgebaut.

Unmittelbar westlich des Business District, an der King Street West 260, befindet sich das **Royal Alexandra Theatre**

5 (www.royal-alexandra-theatre.com). Sein plüschiges Ambiente und Musicals wie ›Mamma Mia!‹ machen das Theater bei Torontonians wie Touristen gleichermaßen beliebt.

Vis-à-vis steht die **Roy Thomson Hall 6**. Die raumschiffartige, nachts transparent erscheinende Konzerthalle wurde im Jahre 1982 eröffnet. Sie ist Heimstatt für das Toronto Symphony Orchestra und bietet ein überwiegend klassisches Musikrepertoire sowie Jazz Performances und Vorführungen des Film Festival.

Rechter Hand zweigt die York Street ab, die geradewegs zum **Toronto Dominion Centre 7** führt, einem Hochhauskomplex der 1960er-Jahre, an dessen Planung Ludwig Mies van der Rohe beteiligt war. Die schwarze, glänzende Fassade wirkt wie ein Symbol für den Machtanspruch und die kalte Strenge des Big Business.

Auf der anderen Straßenseite fällt das Gebäude der **Hongkong and Shanghai Banking Corporation 8** ins Auge, denn in seine polierte braune Granitfassade ist ein dreistöckiges viktorianisches Haus integriert.

Heute genauso populär wie bei seiner Einweihung 1907: das Royal Alexandra Theatre

Gleich um die Ecke, an der Front Street West, erhebt sich das 1929 eröffnete **Fairmont Royal York 9** [s. S 30], das den vornehmen Charme eines traditionellen Grandhotels ausstrahlt. Es lohnt sich, einen Gang durch die Lobby mit der dunklen Holzdecke und den gewaltigen Lüstern zu machen.

Nebenan in der Bay Street, dem Finanzdistrikt, glitzern die Türme der **Royal Bank Plaza 10**. Was hier in der Sonne schimmert, ist zum Teil echtes Gold. Es wurde auf die Fenster aufgetragen, um Kosten für Klimatisierung und Heizung zu sparen.

Gegenüber dem Royal York Hotel erhebt sich der imposante Hauptbahnhof **Union Station 11**. Die Fassade mit ihren zwei Dutzend Säulen wirkt eher wie die eines altehrwürdigen Gerichtshofs. In der Halle hängen friedlich nebeneinander die Fahnen der Provinzen. Durch den Skywalk, eine verglaste Fußgängerpassage, ist von hier in fünf Minuten der CN Tower zu erreichen.

Gut 1 km östlich des Bahnhofs, im Viereck aus Parliament, Mill und Cherry Street sowie Gardiner Expressway, bilden 44 rote Ziegelgebäude aus dem 19. Jh. den **Historic Distillery District 12** (www.the distillerydistrict.com). Wo einst die größte Destille des britischen Empire Hochprozentiges produzierte, bummeln nun Torontonians und Touristen durch die einzige oberirdische Fußgängerzone Torontos mit Galerien, Restaurants, Werkstätten, Bühnen und Musikkneipen.

Bis zu 65 000 Sportbegeisterte bringen das Rogers Centre zum Kochen

23

Ein Werk des Architekten Will Alsop ist das 2004 fertiggestellte Sharp Centre for Design

Nur wenige Schritte nördlich der Union Station befindet sich an der Yonge Street die **Hockey Hall of Fame** 🔴13 (Juli/Aug. Mo–Sa 9.30–18, So 10–18, sonst Mo–Fr 10–17, Sa 9.30–18, So 10.30–17 Uhr). Hier erfährt der Besucher alles über Kanadas Nationalsport Eishockey.

In östlicher Richtung erkennt man das **Flat Iron Building** 🔴14 von 1892, das eigentlich nach seinem Erbauer Gooderham Building heißt. Aufgrund seiner spitzwinklig zulaufenden Backstein-Architektur vor dem Hintergrund moderner Spiegelglasbauten ist es ein begehrtes Fotomotiv.

Über die University Avenue erreicht man in nördlicher Richtung das in einem kleinen Park an der Queen Street West gelegene **Historic Campbell House** 🔴15 (Di–Fr 9.30–16.30, Sa 12–16.30, Mai–Sept. auch So 12–16.30 Uhr), ein 1822 errichtetes Gebäude im Georgian Style. Die vier weißen Säulen am Eingang verleihen dem Haus einen aristokratischen Touch. Die Inneneinrichtung mit erlesenen Möbeln stammt noch aus der Erbauungszeit.

Gleich gegenüber wurde 2006 das **Four Seasons Centre for the Performing Arts** 🔴16 (145 Queen St. West, www.coc.ca) eröffnet, mit einer Glasfassade wie ein riesiges Schaufenster. Die Bühne mit der besten Akustik Torontos ist Heimstatt der Canadian Opera Company und bietet Opern- und Ballettaufführungen.

Eines der bedeutendsten Museen Kanadas befindet sich ein paar Blocks **TOP TIPP** nördlich, die **Art Gallery of Ontario** 🔴17 (317 Dundas Street West, www.ago.net, Di und Do–So 10–17.30, Mi 10–20.30 Uhr). 2008 hat Frank Gehry im Norden einen Erweiterungsbau angefügt und dessen Fassade mit einem spektakulären 180 m langen Segel aus Glas und Holz verkleidet. Die Moore Gallery präsentiert die weltweit größte Sammlung von Skulpturen des Briten Henry Moore. Er hatte sie dem Museum in den 1970er-Jahren als Schenkung überlassen. Weitere Glanzlichter der Art Gallery sind die Abteilung mit Kunst und Kunsthandwerk der Inuit sowie die Gemäldesammlung mit Meisterwerken von Peter Paul Rubens, Pablo Picasso und Claude Monet.

Zum Staunen veranlasst auch das benachbarte **Sharp Centre for Design** 🔴18 (100 McCaul Street, www.ocad.ca). Das 2004 eröffnete Domizil einer Erweiterung der OCAD University schwebt auf 27 m hohen Stelzen, sein rechteckiger Baukörper ist mit schwarzen und weißen Quadraten verkleidet. So entsteht der Eindruck eines gigantischen Tisches.

Ein paar Straßen weiter östlich, am Nathan Phillips Square, steht die **Old City Hall** 🔴19. Das 1891 im neoromanischen Stil aus Sandstein errichtete Rathaus wirkt durch seine zahlreichen Giebel und Türmchen sehr verspielt.

2008 erweiterte Frank Gehry die Art Gallery von Ontario um die Galleria Italia

Neben der neoromanischen Old City Hall ragen die modernen Beton-bauten der **New City Hall** 🔴20 auf, ein zur Zeit seiner Erbauung um-strittenes Architekturensemble des Finnen Viljo Revell. Es besteht aus zwei halbkreis-förmigen Hochhäusern mit 20 bzw. 27 Etagen, die sich um das flache, muschel-förmige Parlamentsgebäude gruppieren.

Etwa 300 m weiter östlich erstreckt sich an der Yonge Street das von dem deutschstämmigen Architekten Eb Zeidler entworfene **Eaton Centre** 🔴21. Den Kern der meistbesuchten Touristenattraktion Torontos bilden die beiden großen Kaufhäuser Canadian Tire und Sears, um die unter- und oberirdisch über 230 Einzelhandelsgeschäfte, Cafés, Restaurants und Servicebetriebe ange-siedelt sind. Besonders augenfällig ist die gläserne Kuppel, die dem kommerziellen Treiben darunter einen künstlerischen Anstrich gibt. Die Verbindung von Kunst und Kommerz wird auch durch die aus 60 Wildgänsen bestehende Plastik des Bild-hauers Michael Snow deutlich, die den Titel ›Step Flight‹ trägt und von der Glas-decke herabhängt.

Kontrastreiche Erweiterung – der Michael Lee-Chin Crystal des Royal Ontario Museum

Chinatown und Kensington Market

Die farbenfrohe **Chinatown** ㉒ erstreckt sich westlich und östlich der Spadina Avenue, entlang der Dundas Street bis zur University Avenue im Osten und zur Bathurst Street im Westen. Hier leben etwa 300 000 Menschen chinesischer Abstammung. Kleine bunte Märkte und Gemüsestände, Restaurants, Schmuck- und Uhrenläden werben um Kundschaft. Hochhäuser sind hier ganz fern, Toronto scheint sich in das frühe Hongkong oder Shanghai verwandelt zu haben. Auch die Straßenbeschilderung ist zweisprachig, und viele Restaurants offerieren ihre Speisen auf der Karte nur in Chinesisch. Je weiter man in die Chinatown eintaucht, desto mehr wird das Ambiente zu einem Abenteuer für die Sinne.

Nicht weit von Chinatown erstreckt sich der **Kensington Market** ㉓, zu erreichen über die St. Andrews Street und die Kensington Avenue. Gleich an der Ecke, in einem pittoresken roten Ziegelhaus, stößt man auf den reichhaltigen Kensington Fruit Market. In dem Viertel haben sich zudem einige Spezialitätenläden für Käse, Tee und Kaffee etabliert. Die ein- und zweigiebligen Häuser an der Kensington Avenue sind rot, blau oder grün gestrichen. Hier haben sich neben Asiaten viele junge Weiße niedergelassen – Künstler, Studenten und Bohémiens. Die Atmosphäre erinnert an die mancher Stadtteile in Amsterdam oder Berlin.

Rund um Yorkville

Im 19. Jh. als eigenständige Gemeinde im Norden Torontos gegründet, wurde **Yorkville** ㉔ seit den 1970er-Jahren großflächig saniert und restauriert. Heute gilt es als schick und trendy, dort zu leben.

Yorkville breitet sich mit zahlreichen viktorianischen Villen nördlich der Bloor Street aus. Die zahlreichen Alleen, Vorgärten und kleinen Parks geben dem Viertel einen fast ländlichen Anstrich. Bekannt ist es auch für seine exklusiven Modegeschäfte, Restaurants und Galerien.

Nordwestlich von Yorkville, nahe der Spadina Avenue, thront die **Casa Loma** ㉕ (1 Austin Terrace, www.casaloma.org, tgl. 9.30–17 Uhr, Park Mai–Okt. tgl. 9.30–16 Uhr) – für den Besucher aus Europa ein vertrauter und zugleich überraschender Anblick: eine mittelalterlich scheinende Burg mit Zinnen und Türmen. Erbaut wurde die Anlage 1911–14 für die damals unglaubliche Summe von 3 Mio. Dollar. Bauherr war Sir Henry Pellatt, ein reicher Geschäftsmann, der sein Geld mit der Elektrifizierung Torontos verdient und ein Faible für das europäische Mittelalter hatte. Neben den 98 Zimmern besaß die Burg einst 30 Bäder, 25 offene Kamine, drei Bowlingbahnen und einen 300 m langen Tunnel, der zu den Stallungen führte.

Wer Torontos Wolkenkratzer einmal aus einer ungewöhnlichen Perspektive fotografieren will, sollte auf einen der Türme hinaufsteigen. Mit dem nötigen Kleingeld lässt sich die Burg auch für festliche Anlässe mieten. Einen Besuch lohnen zudem die prächtigen Gartenanlagen.

In der Nachbarschaft erhebt sich die **Spadina Mansion** ㉖ (285 Spadina Road,

Di–Fr 12–16, Sa/So 10–17 Uhr), ein viktorianisches Anwesen der Bankiersfamilie Austin, die die Toronto Dominion Bank gegründet hatte. Das 1866 errichtete Gebäude wirkt repräsentativ, aber weniger exzentrisch als die Casa Loma.

Besonders weibliche Besucher zieht das **Bata Shoe Museum** 🔴27 (327 Bloor St. West, www.batashoemuseum.ca, Mo–Sa 10–17, So 12–17 Uhr) an. Über 10 000 Exemplare aus 4500 Jahren umfasst die Sammlung der Fabrikantenwitwe Sonja Bata, von chinesischen Seidenschühchen bis zu englischen Tiefsee-Tauchstiefeln.

TOP TIPP Im gigantischen Museumskomplex des **Royal Ontario Museum** 🔴28 (ROM, 100 Queen's Park, www.rom. on.ca, tgl. 10–17.30, Fr bis 21.30 Uhr) sind unterschiedlichste *Sammlungen* vereint: Die Naturgeschichte ist mit Mammut-

und Dinosaurierskeletten präsent, die griechische Antike mit Marmorskulpturen und die ägyptische Kultur mit Mumien und Grabbeigaben. Weltrang hat die Kollektion fernöstlicher Kunst mit Bronze-Buddhas, Keramik und Baudekor aus mehreren Jahrtausenden. Bemerkenswert ist auch das pädagogische Konzept der *Discovery Gallery*, in der Kinder Experimente durchführen und spielerisch Themengebiete des Museums erkunden können. Inspiriert von der Mineraliensammlung des ROM entwarf Daniel Libeskind einen Erweiterungsbau, der 2007 eröffnet wurde. Dieser Michael Lee-Chin Crystal besteht aus fünf verschachtelten Glas- und Aluminium-Baukörpern und beherbergt Wechselausstellungen.

Verlässt man das Museum an der Queen's Park Road und hält sich südwärts,

Torontos Waterfront und Jachthafen vor der Skyline der Stadt

stößt man nach wenigen Minuten auf den gepflegten **Queen's Park** 29. Die Reiterstatue von König Edward VII., die sich auf dem Rasen erhebt, wurde den Kanadiern 1969 von der indischen Regierung zum Geschenk gemacht.

Der gepflegte Queen's Park umgibt das 1892 im neogotischen Stil gestaltete **Legislative Building** 30, in dem das Provinzparlament von Ontario tagt. Mit dem Rücken zum Gebäude steht die Statue von Sir John A. MacDonald. Der gebürtige Schotte war im Alter von fünf Jahren nach Kanada gekommen. 1867–73 war er erster Premierminister des Landes und später Chef der Conservative Party.

Westlich angrenzend erstreckt sich der riesige Campus der **University of Toronto** 31 – neben der McGill University in Montréal [s. S. 65] die renommierteste Hochschule Kanadas. Hier entdeckten die Forscher Frederick Banting und Charles Best 1921 das Insulin, hier wurde der erste Herzschrittmacher entwickelt.

Etwa 10 km nordöstlich der Downtown, zu erreichen über die Bloor Street und den Gardiner Expressway, lohnt ein Besuch des **Ontario Science Centre** 32 (770 Don Mills Road, www.ontario sciencecentre.ca, tgl. 10–17 Uhr). Dieses naturwissenschaftlich-technisch aus-

Group of Seven

Die Künstlergruppe Group of Seven hat im frühen 20. Jh. der kanadischen **Landschaftsmalerei** erstmals eigene künstlerische Impulse gegeben. Hatten Künstler in Kanada lange Zeit europäische Maler und deren Sujets nachgeahmt, standen nun die kanadischen Naturräume thematisch im Mittelpunkt der Werke von Frank Carmichael, Franz Johnston, Lawren S. Harris, A. Y. Jackson, Arthur Lismer, Frederick Varley und J. E. H. MacDonald.

Die sieben Maler schlossen sich 1920 unter dem Namen Group of Seven zusammen und stellten ihre Werke in Toronto erstmals gemeinsam aus. Ihre künstlerischen **Inspirationen** zogen sie aus langen Aufenthalten in der Natur Nord-Ontarios. Doch erst Jahre später wurden ihre Arbeiten auch national und international anerkannt. Die **Philosophie** dieser Künstlergruppe umfasste sogar patriotisch-politische Ideen, denn sie betrachtete die Schaffung einer eigenständigen kanadischen Kunst als eine Voraussetzung für die Herausbildung einer Nation.

Technik zum Mitmachen – Ontario Science Centre

gerichtete Zentrum ist eine gelungene Mischung aus Museum und Experimentierwiese für Technikbegeisterte. Kinder können hier z. B. mit einem 4 m hohen Kran ein Haus bauen oder durch einen tropischen Mini-Regenwald bummeln.

Ausflüge

Gleich südlich des Stadtzentrums erstreckt sich der Lake Ontario mit den **Toronto Islands** 33 (www.toronto.ca/parks). Mit der Fähre ist man in wenigen Minuten auf den autofreien Inseln und wird mit einem prächtigen *Blick* zurück auf die glitzernde Skyline von Downtown belohnt. Die Inseln bieten *Erholung* in vielen Varianten: auf Ward's Island, der größten, Strände (auch FKK), Bootsvermietung, Picknickplätze, einen Kanuclub und einen *Flugplatz* für Propellermaschinen, auf *Centre Island* einen Vergnügungspark und einen Bauernhof.

Für den großen Kaufrausch sorgen die **Vaughan Mills** (1 Bass Pro Mills Drive, Vaughan, www.vaughanmills.com, Mo–Sa 10–21, So 11–19 Uhr) etwa 30 km nördlich von Torontos Downtown. Das Shopping Center lockt mit zahlreichen Outlet-Stores, verschiedenen Restaurants, einer Bowlingbahn und einer Speedway-Bahn für Jugendliche.

Eine knappe Autostunde nordwestlich von Toronto (über QEW, Hwy 427 und 27) bietet der Ort **Kleinburg** einen Schatz besonderer Art, die *McMichael Canadian Art Collection* (10365 Islington Avenue, www.mcmichael.com, tgl. 10–16 Uhr). Das Ehepaar McMichael baute im Laufe von vielen Jahren eine umfangreiche Sammlung kanadischer Kunst auf und vermachte die mehr als 5000 Exponate umfassende Kollektion der Provinz Ontario. Schwerpunkte des Museums sind neben Arbeiten der *Group of Seven* [s. S. 28] auch Werke der indianischen Ureinwohner sowie der Inuit. Ein Muss für Freunde der kanadischen Kunst!

ℹ **Praktische Hinweise**

Information

Toronto Convention & Visitors Association, 207 Queens Quay West, Toronto, Tel. 416/203-25 00 und gebührenfrei Tel. 1-800/499-25 14, www.seetoronto now.com

Flughafen

Pearson International Airport, 27 km nordwestlich des Stadtzentrums, Tel. 416/776-38 43 und 1-866/207-16 90, www.gtaa.com. Die Busse des Toronto Airport

Niagara Falls – Blick vom Skylon Tower auf die kanadischen Hufeisenfälle

Express fahren fast rund um die Uhr und in Spitzenzeiten alle 20 Min. in die City.

Bus und Bahn

Die **Toronto Transit Commission** (www.ttc.ca) betreibt die U-Bahn, Busse und Straßenbahnen. Interessant für Besucher ist der Day Pass zu 10 Can$ für beliebig viele Fahrten. Mo–Fr gilt er pro Person, an Wochenenden für zwei Erwachsene.

Hotels

*******Fairmont Royal York**, 100 Front Street West, Toronto, Tel. 416/368-25 11, www.fairmont.com/royal york. Die große ›alte Dame‹ der Torontoer Hotellerie beim Hauptbahnhof.

*******Four Seasons Toronto**, 21 Avenue Road, Toronto, Tel. 416/964-04 11, www.fourseasons.com/toronto. Die Nummer eins der Stadt liegt im schicken In-Viertel Yorkville.

 ******Renaissance Toronto Downtown Hotel**, 1 Blue Jays Way, Toronto, Tel. 416/341-71 00, www.marriott.com. Sportlich-elegantes Hotel, Zimmer teils mit Blick auf die riesige Sportarena des Rogers Centre, originelles Design.

*****Holiday Inn on King**, 370 King Street West, Toronto, Tel. 416/343-12 34, http://torontoregency.hyatt.com. Gute Lage, ordentliches Preis-Leistungs-Verhältnis.

Restaurants

Bar Mercurio, 270 Bloor Street West, Toronto, Tel. 416/960-38 77. Von Snacks bis zum Menü reicht die Palette.

Crocodile Rock, 240 Adelaide Street West, Toronto, Tel. 416/599-97 51. Ob knusprige Ofenpizza oder Dance Floor Music, für fast jeden Geschmack ist etwas dabei.

Denison's Brewing Company, 75 Victoria Street, Toronto, Tel. 416/500-23 37. Rustikales Essen und selbst gebrautes Weißbier aus der Micro-Brewery.

Ruth's Chris Steakhouse, 145 Richmond Street West, Toronto, www.ruthschris.com, Tel. 416/955-14 55. Große Prime Ribs zu großen Preisen.

 The Boiler House, 55 Mill Street, Toronto, Tel. 416/203-21 21. Steaks, italienische Küche und Live-Jazz im Historic Distillery District.

2 Niagara Falls

Die Totalvermarktung eines grandiosen Wasserfalls.

Der Zufahrtsweg zu Kanadas größter Touristenattraktion, den Niagara-Fällen, wäre selbst ohne Hinweisschilder aufgrund der unzähligen Busse und Autos kaum zu verpassen. Fast 14 Mio. Besucher, darunter viele Honeymooner, machen sich jedes Jahr auf, die ›donnernden Wasser‹ – was das Irokesenwort Niagara bedeutet – zu bestaunen.

Geschichte Während die lokalen Indianerstämme die Wasserfälle vermutlich schon immer kannten, war es ein Europäer, der Jesuit Louis Hennepin, der als erster Weißer 1678 das Naturschauspiel entdeckte. Nachdem der Amerikanisch-Britische Krieg durch den Friedensvertrag von Gent beendet und der **Grenzverlauf** zwischen beiden Staaten festgelegt worden war, begann die unterschiedliche Entwicklung der beiden Städte Niagara Falls auf amerikanischer und auf kanadischer Seite. Die ersten

Touristen kamen bereits Mitte des 19. Jh. mit der neu gebauten Eisenbahn nach Niagara Falls. Und schon 1846 fuhr die berühmte Maid of the Mist Ausflügler an die Wasserfälle heran. 1885 wurde die Niagara Parks Commission gegründet. Ihre Aufgabe war der Schutz der Natur und somit auch der Wasserfälle.

Im 20. Jh. wurde ein neues Kapitel im Niagara-Tourismus aufgeschlagen: Verstärkt traten nun **Daredevils**, wagemutige Abenteurer, auf den Plan, die bisweilen Kopf und Kragen riskierten, um sich mit Booten, Regentonnen oder sonstigen mehr oder weniger tauglichen Hilfsmitteln die Wasserfälle hinabzustürzen. Solche lebensgefährlichen Aktionen sind zwar seit langem verboten, doch finden sich auch heute noch immer wieder einzelne Daredevils, die mit viel Fantasie die Naturgewalten herauszufordern versuchen. 1941 wurde die **Rainbow Bridge** eröffnet, die den Grenzverkehr zwischen den USA und Kanada regelt. 1951 schließlich einigten sich die beiden Staaten in einem Abkommen auf die gemeinsame Nutzung der Wasserfälle zur umweltfreundlichen Stromerzeugung.

Let´s get wet! Vor der Fahrt auf der Maid of the Mist werden Regenponchos ausgeteilt

Wer einen der riesigen Parkplätze ansteuert, mag zunächst vom Rummel der Andenkenbuden, Snackbars und Fast-Food-Ketten abgeschreckt sein. Doch wer dem donnernden Lärm folgt und seinen Blick auf die gigantischen Fälle richtet, der kann nicht umhin, von dem Naturschauspiel fasziniert zu sein.

Genau genommen gibt es nicht nur zwei Städte namens Niagara Falls, sondern auch zwei Wasserfälle. Der kanadische ist jedoch der eigentliche Star. Hufeisenförmig – deshalb der Name

Seit 1916 fährt das Whirlpool Aero Car in 60 m Höhe über den Niagara River

Horseshoe Falls – stürzen bis zu 170 Mio. Liter pro Minute über eine Breite von 670 m etwa 54 m in die Tiefe. Nur zehn Prozent der Menge sind es bei den **American Falls**, wo das Wasser auf einer Breite von 320 m gut 56 m hinabrauscht. Fast ein Rinnsal ist im Vergleich dazu der kleine Wasserfall Bridal Veil (Brautschleier) neben den amerikanischen Fällen. Zwischen Horseshoe und American Falls befindet sich die kleine Insel Goat Island, an der der Niagara River seine Wassermassen links und rechts vorbeidrückt.

Die Niagara-Fälle wandern, im wahrsten Sinne des Wortes. Jährlich um gut 1 m weicht die Abbruchkante aufgrund des an dieser Stelle porösen Untergrundes zurück. Unterhalb der Wasserfälle hat sich der Niagara River im Laufe der Zeit tief in das Gestein eingegraben und so einen kleinen Canyon mit zum Teil gefährlichen Stromschnellen herausgebildet.

Der Klassiker unter den vielen Besichtigungsmöglichkeiten ist seit über 160 Jahren die halbstündige Gischtfahrt am Fuß der Fälle mit den Booten der **Maid of the Mist** (April–Mitte Okt. tgl. alle 15–30 Min., www.maidofthemist.com). Sie bieten auf jeder Fahrt Platz für mehrere hundert Besucher, die in blauen Plastiküberzügen versuchen, sich und ihre Kameras vor den Wassermassen zu schützen.

Eine andere Annäherung an das tosende Nass erlebt man bei der **Journey behind the Falls** (tgl. ab 9 bis, je nach Jahreszeit, 17–22 Uhr): Vom Table Rock fährt ein Lift hinab in die Felswand hinter den Horseshoe Falls. Dort angekommen, gelangt man durch mehrere Tunnel direkt hinter bzw. unter die Wasserwand und erhält so ganz ungewöhnliche Einblicke in die Niagara-Fälle.

Eine weitere Perspektive auf das Naturschauspiel eröffnet der **Skylon Tower** (Sommer tgl. 8–24, Winter tgl. 9–22 Uhr), eine Art Miniaturausgabe des CN Towers von Toronto. Mit einem Fahrstuhl fährt man hinauf zu dem in etwa 150 m Höhe gelegenen Observation Deck und staunt über das außergewöhnliche Panorama der Wasserfälle, des Niagara River und der Stadt. Im Turm befinden sich mehrere Restaurants.

Wer sich ins Andenken- und Einkaufsgetümmel stürzen will, begibt sich in die **Clifton Street**. Dort findet man vom Museum bis zum Hotel, vom Restaurant bis zur Boutique alles, was sich zum Geldausgeben eignet.

Auf Clifton Hill befinden sich einige mehr oder weniger sinnvolle Museen (alle tgl. 10–22, im Sommer 9–1 Uhr). Das **Ripley's Believe It or Not Museum** stellt mehr als 500 ›unglaubliche‹ Stücke aus dem Kuriositätenkabinett vor. Zudem gibt es hier zahlreiche Wachsfigurenkabinette. Und auch ein berühmter Name darf nicht fehlen: Das **Guinness World of Records Museum** präsentiert Repliken und Originale aus dem gleichnamigen Buch der Rekorde.

Wer über die **Rainbow Bridge** einen kurzen Abstecher in die USA machen will, sollte sich vorab über die aktuellsten Einreisebestimmungen informieren.

Weiter Richtung Norden gelangt man nach wenigen Kilometern zur nostalgisch anmutenden Seilbahn **Whirlpool Aero Car** (Niagara Parkway, Mitte März–Nov., Juli/Aug. tgl. 9–20 Uhr, sonst unterschiedlich), die seit 1913 über die Whirlpool genannte Ausstülpung des Flusses gondelt. Dort unten verwirbeln die Wassermassen zu gewaltigen Strudeln, doch aus sicherer Entfernung lassen sich von hier oben gute Fotos schießen.

ℹ Praktische Hinweise

Information

Niagara Falls Tourism, 5400 Robinson Street, Niagara Falls, Tel. 905/356-60 61, www.niagarafallstourism.com

Hotels

****Sheraton Fallview**, 6755 Fallview Blvd., Niagara Falls, Tel. 905/374-10 77, www.fallsview.com. Haus der gehobenen Kategorie, die meisten Zimmer bieten einen grandiosen Blick auf die Wasserfälle.

***Holiday Inn by the Falls**, 5339 Murray Street, Niagara Falls, Tel. 905/356-13 33, www.holidayinn.com. Zentral gelegenes modernes Hotel.

***Old Stone Inn**, 5425 Robinson Street, Niagara Falls, Tel. 905/357-12 34, www.oldstoneinn.on.ca. Angenehmes kleineres Boutique Hotel in einer alten Getreidemühle.

Restaurants

Elements on the Falls, 6650 Niagara Parkway, Niagara Falls, Tel. 905/354-36 31. An den Horseshoe Falls: Bezahlbare kanadische Küche und Weine aus der Gegend bei unbezahlbarem Blick.

Skylon Revolving Dining Room, 5220 Robinson Street, Niagara Falls, Tel. 905/356-26 51. Drehrestaurant im Skylon Tower mit spektakulärem Ausblick.

Süffige Entdeckungen

Kanada steht selbst bei europäischen Kennern nicht unbedingt auf der Weinkarte. In der Gegend rund um Niagara-on-the-Lake haben vor allem deutsche und österreichische Winzer in den 1970er-Jahren die ersten **Weingüter** aufgebaut. Namen wie Hillebrand oder Konzelmann sprechen für sich. Obwohl Kanada den Ruf hat, ein raues und kaltes Land zu sein, erfreut sich gerade die Region rund um die Niagara-Fälle eines **Mikroklima**, das den Weinanbau besonders begünstigt. Der Ontario-See speichert Wärme und gibt sie nach und nach wieder ab. Außerdem sind die Temperaturen durch die höhere Luftfeuchtigkeit und mehr Niederschläge etwas milder als in den Gebieten weiter nördlich oder östlich. Inzwischen wurden einige der edlen Tropfen bei internationalen Wettbewerben sogar mit **Goldmedaillen** ausgezeichnet.

3 Niagara-on-the-Lake

Architektonisches Kleinod mit weithin bekanntem Shaw Festival.

Eine gute halbe Autostunde östlich von Hamilton liegt eine der schönsten Kleinstädte Kanadas. In dem überaus pittoresken Ort Niagara-on-the-Lake (12 000 Einw.) scheint die Zeit irgendwo in der Mitte des 19. Jh. stehen geblieben zu sein. Mächtige Laubbäume bilden hübsche Alleen, hinter Vorgärten thronen herrschaftliche Villen. Wohlhabende Torontonians erholen sich in ihren Sommerhäusern vom Großstadtstress.

Die Haupteinnahmequelle ist der Tourismus. Besonders die Monate Juli und August lassen die Einwohnerzahl der kleinen Stadt bisweilen beträchtlich anschwellen. Wer es etwas beschaulicher mag, sollte entweder unter der Woche kommen oder in der Nebensaison.

Sehenswert sind vor allem die kleinen Einzelhandelsgeschäfte an der **Queen Street**, die beinahe schon musealen Charakter haben. Das **Niagara Historical Society Museum** (43 Castlereagh Street, Mai–Okt. tgl. 10–17, Nov.–April tgl. 13–17 Uhr) informiert über die Geschichte des im 19. Jh. weitaus bedeutenderen Städtchens, das 1791–97 sogar Hauptstadt von Upper Canada war.

Das am Niagara River Parkway gelegene **Fort George** (Mai–Okt. tgl. 10–17 Uhr) erinnert an die blutigen Amerikanisch-Britischen Auseinandersetzungen, die 1797–1820 mehrfach zur Zerstörung der Befestigungsanlage führten. Zu besichtigen sind die Offiziersquartiere, Baracken, der Wachraum, die Küche und das Pulvermagazin.

Landesweit bekannt ist das jährliche **Shaw Festival** (www.shawfest.com), bei dem von April bis Oktober neben Stücken des irischen Nobelpreisträgers George Bernard Shaw auch die verschiedener Zeitgenossen aufgeführt werden.

Die Gegend um Niagara-on-the-Lake bildet aufgrund ihres milden Mikroklimas das Zentrum des Weinbaus in Kanada. Weingüter wie die **Hillebrand Winery** (1249 Niagara Stone Road, Tel. 800/582-8412) können besichtigt werden. Nach der obligatorischen Weinprobe hat man Gelegenheit, den einen oder anderen edlen Tropfen zu kaufen.

ℹ **Praktische Hinweise**

Information

Chamber of Commerce, 26 Queen Street, Niagara-on-the-Lake, Tel. 905/468-19 50, www.niagaraonthelake.com

Hotel

****The Pillar and Post Inn**, 48 John Street W, Niagara-on-the-Lake, Tel. 905/468-2123, www.vintage-hotels.com. Stilvolles Haus mit modernem Spa und vornehmer Atmosphäre.

4 Kitchener/Waterloo

Deutsche Einwanderer prägen das Gesicht der Doppelstadt.

Die Landschaft ist eher eintönig, der Boden fruchtbar, die Namen der Städte und Dörfer klingen vertraut: Heidelberg, Hanover und Holstein, und selbst die größte Stadt Kitchener hieß bis Anfang des 20. Jh. noch Berlin.

Die Doppelstadt Kitchener/Waterloo liegt eine gute Autostunde westlich von Toronto. Rund 300 000 Einwohner leben hier, etwa die Hälfte von ihnen hat deutsche Vorfahren, die sich überwiegend im 19. Jh. ansiedelten. Viele von ihnen gehören der Glaubensgemeinschaft der Mennoniten an.

In ganz Nordamerika berühmt ist das **Oktoberfest**, nach dem Münchener Original das größte der Welt.

Auf dem **Farmer's Market** in Waterloo bieten Mennoniten jeden Samstag ihre frischen Produkte feil. Die Angehörigen der konservativ gesinnten Glaubensgemeinde tragen vielfach noch die schlichte traditionelle Kleidung.

Für Kinder verheißt das **Waterloo Regional Children's Museum** (10 King Street West, www.thechildrensmuseum.ca, Feb.–Sept. Mo–Fr 10–16, Sa/So 10–17,

Souvenir Souvenir ..., hier Ahornsirup vom Farmer's Market in St. Jacobs

Auf dem Heimweg vom sonntäglichen Gottesdienst – Mennoniten in St. Jacobs

sonst Mi–Fr 10–16, Sa/So 10–17 Uhr) allerlei Spaß. Eine auch für Erwachsene interessante Entdeckungstour über vier Stockwerke führt spielerisch in die Geheimnisse von Kunst und Technologie ein und bietet genügend Möglichkeiten für eigene Experimente.

Wer Interesse an kanadischer Politik und Geschichte mitbringt, ist gut im **Woodside National Historic Site** (528 Wellington Street North, Mai–Dez. tgl. 10–17 Uhr) aufgehoben. Hier steht das Haus, in dem der frühere Premierminister Mackenzie King (1874–1950) aufwuchs. Zugleich geben die restaurierten Räume einen Einblick in das großbürgerliche Leben des ausgehenden 19. Jh.

Wer mehr über das zurückgezogene Leben der Mennoniten wissen will, ist in dem wenige Kilometer nördlich (Hwy 86) gelegenen hübschen Dorf **St. Jacobs** (www.stjacobs.com) genau richtig. Im *The Mennonite Story Visitor Centre* (1406 King Street North, im Sommer Mo–Sa 11–17, So 13.30–17 Uhr) kann sich der Besucher auf eine Multimedia-Reise in die Geschichte und den Alltag dieser Glaubensgemeinschaft begeben.

ℹ️ Praktische Hinweise

Information

Kitchener Welcome Centre, 200 King Street West, Kitchener, Tel. 519/745-35 36, www.explorewaterlooregion.com

Hotels

****Holiday Inn**, 30 Fairway Road South, Kitchener, Tel. 519/893-12 11, www.holiday inn.com. Zuverlässiges Haus mit den üblichen Annehmlichkeiten einer großen Hotelkette.

***Delta Kitchener-Waterloo**, 105 King Street East, Kitchener, Tel. 519/744-41 41, www.deltahotels.com. Modernes 200-Zimmer-Hotel mit Pool direkt am Farmer's Market.

5 Windsor

Nur durch den Detroit River ist Windsor von der großen amerikanischen Automobilstadt Detroit getrennt.

Im äußersten Südzipfel Kanadas liegt die Stadt Windsor mit ihren 216 000 Einwohnern, die 1830 von Franzosen gegründet wurde, nachdem auf der anderen Seite des Flusses bereits mehr als ein Jahrhundert zuvor ein Handelsposten der Franzosen errichtet worden war. Die Briten eroberten beide Ansiedlungen 1760, verloren Detroit jedoch im Unabhängigkeitskrieg an die Amerikaner. Heute sind Windsor und die fast zehnmal so große Millionenmetropole Detroit durch die Ambassador-Bridge und den Detroit-Windsor-Tunnel miteinander verbunden. Der Detroit River ist einer der verkehrsreichsten Flüsse der Welt.

Hauptattraktion ist die **Art Gallery of Windsor** (401 Riverside Drive West, www.agw.ca, Mi 11–20, Do/Fr 11–21, Sa/So 11–17 Uhr), deren Schwerpunkte auf zeitgenössischen kanadischen Künstlern, Werken der europäischen Moderne sowie der Inuitkunst liegen.

Die **Fort Malden National Historic Site** (100 Laird Avenue, Amherstburg, Mai–Aug. tgl. 10–17, Sept./Okt. Mo–Fr 13–17, Sa/So 10–17 Uhr) ist ein Denkmal der Militärgeschichte. Erbaut wurde die Festung und Marinestation 1796 von den Engländern. Vor allem 1812–15 im Amerikanisch-Britischen Krieg war sie von hoher strategischer Bedeutung.

Ausflug

Rund 50 km südöstlich von Windsor liegt der 20 km² große **Point Pelee National Park**, der in weiten Teilen aus Marschland besteht und ein wahres Vogelparadies ist. Viele Besucher kommen aber auch wegen des subtropischen Baumbestandes. Walnussbäume z. B., sonst eher selten in Kanada, gedeihen prächtig in dem milden Mikroklima.

ℹ Praktische Hinweise

Information

Tourism Windsor Essex Pelee Island, 333 Riverside Drive West, Suite 103, Windsor, Tel. 519/255-6530, www.visitwindsor.com

Hotels

****Hilton Windsor**, 277 Riverside Drive West, Windsor, Tel. 519/973-5555, www.hilton.com. Modernes Hotel in zentraler Lage mit Sauna und Pool.

***Holiday Inn Downtown**, 430 Ouellette Avenue, Windsor, Tel. 519/256-4656, www.hidowntown windsor.com. Mittelklassehotel, das auch gehobenen Ansprüchen genügt.

6 Kingston

Die ehemalige Hauptstadt von Ober- und Unterkanada ist heute ein beliebter Ausgangspunkt für Fahrten ins Labyrinth der ›Thousand Islands‹.

Das schmucke Kingston mit 60 000 Einwohnern hat sich bis heute in vielen Winkeln seinen Kleinstadt-Charme bewahrt. 1673 wurde es als Pelzhandelsposten gegründet und später um das Fort Frontenac erweitert. 1826–32 entstand der **Rideau-Kanal**, um den Gütertransport besser absichern zu können als das bisher auf dem St.-Lorenz-Strom möglich gewesen war. So erlangte die Stadt schnell auch strategische Bedeutung. Seit 2007 ist der Kanal Teil des UNESCO-Weltkulturerbes.

Als 1841 die beiden Provinzen Upper und Lower Canada zusammengelegt wurden, konnte sich Kingston kurzzeitig mit dem Titel Hauptstadt schmücken.

Militärischer Drill des Jahres 1812, heute nachgestellt im Old Fort Henry von Kingston

Doch schon nach drei Jahren wurde Montréal zur Kapitale erkoren. Heute lebt Kingston von den zahlreichen Touristen, die Millionen von Dollars in den Stadtsäckel spülen – was auch den Bildungseinrichtungen der Stadt zugute kommt. Hier befindet sich u. a. Kanadas älteste und eine der angesehensten Universitäten des Landes, die **Queens University**. Außerdem hat die kanadische Armee Kingston zu einem ihrer wichtigsten Ausbildungszentren gemacht.

Die größte Anziehungskraft bei den Besuchern der Stadt besitzt das **Old Fort Henry** (Hwy 2, www.forthenry.com, Mitte Mai–Okt. tgl. 10–17 Uhr). 1812 wurde die mächtige Befestigungsanlage erbaut, um die Handelsschiffe auf dem St.-Lorenz-Strom zu schützen. Heute ist im Fort ein militärgeschichtliches Museum untergebracht. Während der Sommermonate schlüpfen Studenten und Kadetten in die Rotröcke von damals, blasen zum Zapfenstreich und feuern die alten Kanonen ab. Von den Mauern genießt man einen schönen Blick über den Fluss zur Stadt.

Ins Zentrum von Kingston gelangt man über den Lasalle Causeway, zu dessen linker Hand die wichtigsten Sehenswürdigkeiten liegen. Immer ein gutes Fotomotiv geben die vielen viktorianischen Villen rund um die **Gore Street** ab.

Als **Bellevue House National Historic Site** (35 Centre Street, April/Mai und Sept./Okt. tgl. 10–17, Juni–Aug. tgl. 9–18 Uhr) ist der einstige Wohnsitz von John A. Mac-Donald, Kanadas erstem Premierminister (1867–73), zu besichtigen. Das Haus ist stilgerecht mit Möbeln aus der Mitte des 19. Jh. eingerichtet. Kostümierte Mitarbeiter veranschaulichen eindrucksvoll den Alltag der Bewohner jener Zeit.

Die **City Hall** (216 Ontario Street, Mo–Fr 8.30–16.30 Uhr) aus dem Jahre 1841 ist recht bombastisch geraten. Der ausladende Kuppelbau wurde in der Erwartung errichtet, dass Kingston dauerhaft Hauptstadt bleiben würde.

Darüber hinaus besitzt Kingston mehrere lohnende Museen: Im **Marine Museum of the Great Lakes** (55 Ontario Street, www.marmuseum.ca, tgl. 10–16 Uhr) wird die Entwicklung der Schifffahrt auf den Großen Seen nachgezeichnet. Eine ausgefallene Sammlung stellt das **Correctional Service of Canada Museum** (555 King Street West, www.csc-scc.gc.ca, Mai–Okt. Mo-Fr 9–16, Sa/So 10-16 Uhr) dar. Hier werden mit Objekten aus kanadischen Gefängnissen die frühe Geschichte der Kingstoner Strafanstalt und das Leben der Insassen illustriert. Technikfans sind vom **Pump House Steam Museum** (23 Ontario Street, Ende Mai–Anfang Sept. Mi–So 10–16 Uhr) angetan. Die restaurierte Pumpstation von 1849 zeigt Pumpen sowie Dampfmaschinen aller Art.

Im Hafen starten die Ausflugsboote zu den **Thousand Islands**. Tatsächlich sind es annähernd 1800 Inseln im St.-Lorenz-Strom, der hier als Abfluss des Ontario-Sees beginnt. Der Name Thousand Islands mag manchem irgendwie vertraut klingen. Richtig: das berühmte Salatdressing. Der exzentrische Millionär George Boldt, dessen Familie aus Deutschland stammte und dem auch das **Boldt Castle** auf Heart Island (USA) gehörte, kreierte die Salatsoße und benannte sie nach dieser Region. Wer die aktuellen Einreisebestimmungen der USA beachtet, kann die Kreuzfahrttour bei jenem sehenswerten Schloss, das wie eine romantische Burg am Rhein wirkt, unterbrechen.

ℹ Praktische Hinweise

Information

Kingston Tourist Information Office, 209 Ontario Street, Kingston, Tel. 613/548-44 15, www.tourism.kingston canada.com

Auf Bootstouren ab Kingston lassen sich die Thousand Islands entdecken

 ## Upper Canada Village

TOP TIPP *Eines der schönsten historischen Dörfer in einem der bekanntesten Freilichtmuseen des Landes.*

Das äußerst sehenswerte Museumsdorf Upper Canada Village (www.uppercanada village.com, Ende Mai–Aug. tgl. 9.30–17, Sept.–Mitte Okt. Mi–So 9.30–17 Uhr) ist über die County Road 2 zu erreichen. Im Crysler's Farm Battlefield Park, etwa 11 km östlich von Morrisburg gelegen, lässt es die Vergangenheit der frühen Siedler wieder aufleben. Seine Existenz verdankt es jedoch dem Fortschritt: Als in den 1950er-Jahren der St. Lawrence Seaway errichtet wurde, um auch Ozeanriesen das Befahren des Flusses zu ermöglichen, mussten mehrere Ortschaften weichen, da sie sonst überflutet worden wären. Viele der aus dem 18. und 19. Jh. stammenden Häuser wurden abgebaut und an der heutigen Stelle des Freilichtmuseums wieder zusammengefügt. Insgesamt 40 Gebäude vermitteln ein anschauliches Bild vom Leben der Siedler, die sich um 1760 hier niedergelassen hatten. Museumsmitarbeiter in historischen Kostümen weben Stoffe, backen Brot und stellen Butter her, beleben Werkstätten, Mühlen und Sägewerke. Für den Besuch sind drei bis vier Stunden einzuplanen.

Hotels

***Hochelaga Inn**, 24 Sydenham Street South, Kingston, Tel. 613/549-55 34, www.hochelagainn.com. Zurück in die Vergangenheit gelangt man in diesem viktorianischen Haus mit seinen zwei Dutzend Zimmern.

***Radisson Hotel Kingston Harbourfront**, 1 Johnson Street, Kingston, Tel. 613/549-81 00, www.radisson.com/ kingstonca. Gehobenes Mittelklassehaus mit Blick auf den Ontario-See.

Restaurants

El Asador, 375 Princess Street, Kingston, Tel. 613/547-68 68. Populäres Restaurant mit indischer und mexikanischer Küche.

Kingston Brewing Company, 34 Clarence Street, Kingston, Tel. 613/542-49 78. Micro-Brewery und Deftiges in einem ehemaligen Telegrafenamt.

Fast wie zu Großmutters Zeiten – Laden im Freilichtmuseum Upper Canada Village

8 Ottawa

Provinziell-charmante Hauptstadt mit Kunstanspruch.

Ottawa teilt das Schicksal von Städten wie Canberra: **Hauptstadt** oder Regierungssitz dürfen sie sich nennen, Metropole jedoch nicht. Angeblich hörte man früher gelegentlich den Satz »Das Beste an Ottawa ist der Zug nach Montréal« oder – wahlweise – »… das Flugzeug nach Toronto«. Aber diese wenig schmeichelhaften Aussagen wurden vermutlich von stolzen Bewohnern der beiden kanadischen Metropolen lanciert.

Ottawa heißt in der Indianersprache soviel wie ›Ort, an dem Handel betrieben wird‹. Laut anderen Quellen kann man es auch mit ›Ort, an dem sich die Wasser treffen‹ übersetzen. Tatsächlich liegt die Stadt am Zusammenfluss von Ottawa, Rideau und Gatineau River, wird vom Canal Rideau von Norden nach Süden durchzogen und wartet mit zahlreichen Seen in der Umgebung auf.

Die Einheimischen nennen ihre Stadt gern augenzwinkernd die zweitkälteste **Hauptstadt** der Welt (nach Ulan Bator in der Mongolei) – Ottawas Gewässer sind tatsächlich monatelang von einem Eispanzer überzogen, der aber für sportliche Aktivitäten kräftig genutzt wird: Keinen ungewöhnlichen Anblick bietet so mancher Ministerialbeamte, der morgens auf dem Weg ins Büro in Anzug und Mantel mit Schlittschuhen eilig über den Canal Rideau flitzt.

Auf der nordwestlichen Seite des Ottawa Rivers liegt Ottawas Schwesterstadt **Hull** bereits in der Nachbarprovinz Québec. In der Doppelstadt leben gut 1 Mio. Menschen, von denen 60 % ausschließlich Englisch sprechen und 37 % beide Amtssprachen verwenden. In früheren Tagen war Ottawa meist nur dann in den Schlagzeilen, wenn das Parlament tagte, die Steuern erhöht wurden oder ein Politskandal aufhorchen ließ. Inzwischen macht die Stadt immer häufiger durch Kunst von sich reden. Indikatoren des neuen Images als Kulturstadt ersten Ranges in Kanada sind die architektonischen Glanzlichter der National Gallery of Canada und des Canadian Museum of Civilization.

Geschichte   Der erste Europäer, der das Gebiet des heutigen Ottawa erkundete, war im Jahre 1613 Samuel de Champlain.

Ihm folgten Siedler, die den Holzhandel begründeten. Um 1800 etablierte der königstreue Loyalist Philomen Wright die erste permanente Siedlung in der Gegend des heutigen Hull.

Nach dem Krieg von 1812 legten englische Pioniere unter dem Oberstleutnant John By den 202 km langen **Canal Rideau** an. Der Aushub des künstlich geschaffenen Wasserweges hatte strategische Bedeutung: Er sollte künftig einen Zugang zum St. Lorenz ermöglichen, der vor weiteren Attacken der Amerikaner sicher war. Als der Kanal fertiggestellt war, wurde die Siedlung am nördlichen Ende nach dem leitenden Offizier **Bytown** genannt. Bis 1855 stieg die Zahl der Bewohner auf 10 000. Im selben Jahr erhielt die Stadt den Namen Ottawa.

1857 beendete Königin Victoria die Kontroverse um die Kapitale für die Provinz Upper and Lower Canada. Proteste waren zuvor aus Toronto und Kingston laut geworden, die sich selbst durchaus berechtigte Hoffnungen machten und Ottawa eher als provinzielles Kaff ansahen, in dem Schlägereien an der Tagesordnung waren. Doch der Siegeszug Ottawas war nicht aufzuhalten. 1867 wurde es zur **Kapitale** des neu geschaffenen Dominion of Canada ernannt, wurde Sitz des nationalen Parlaments und der Regierung und erhielt pompöse Parlamentsgebäude nach dem Vorbild der Houses of Parliament in London.

Das heutige Stadtbild geht größtenteils auf den Franzosen Jacques Gréber zurück, der nach dem Zweiten Weltkrieg von Premierminister William Mackenzie King den Auftrag erhielt, Stadt und Umgebung ein neues Gesicht zu verleihen. Gréber ist es auch zu verdanken, dass Ottawa heute eine der grünsten Städte der Welt ist.

Der übersichtliche Innenstadtbereich Ottawas ist bequem zu Fuß bei einem Spaziergang zu erkunden. Einige am Rand des Zentrums oder in der nahen Umgebung gelegene Sehenswürdigkeiten, die einen Besuch lohnen, sind jedoch kaum ohne fahrbaren Untersatz zu erreichen. Es empfiehlt sich daher, die Erkundung der Stadt in zwei Etappen einzuteilen.

Parliament Hill und Wellington Street

Orientierungspunkt für Besucher ist der **Parliament Hill** ❶ mit den weithin sichtbaren Regierungsgebäuden. Der große

Eislaufen auf UNESCO-Welterbe – der zugefrorene Rideau Canal macht's möglich

Komplex besteht aus dem Centre Block, dem East Block und dem West Block, deren grüne Kupferdächer ein markanter Blickfang sind. Vor dem Haupteingang wurde 1967, anlässlich des 100. Geburtstages von Kanada, die Centennial Flame, die Ewige Flamme, entzündet. Der an Sehenswürdigkeiten reizvollste Teil ist der im neugotischen Stil errichtete und bei einem großen Brand 1916 beinahe völlig zerstörte **Centre Block**. Kostenlose

Führungen finden hier täglich ab 9 Uhr statt und dauern 20 (wenn das Parlament tagt) bis 60 Minuten. Verschont ließ das Feuer lediglich die Parlamentsbibliothek. Heute beherbergt die holzgetäfelte Rotunde mit dem weißen Denkmal von Queen Victoria in der Mitte rund 650 000 Bände. Überragt wird der Centre Block von dem gut 90 m hohen *Peace Tower*, der im Rahmen des Wiederaufbaus 1927 entstand. Von der Spitze des Turms

genießt man einen Panoramablick auf Ottawa. Durch den Haupteingang geht es über grün-weiße Marmorböden zunächst in die *Confederation Hall*, danach in die *Hall of Honour*, die in ihrer Großartigkeit beide den Eindruck vermitteln, man befinde sich in einer Kathedrale. Links folgt das *House of Commons*, das Unterhaus, rechts das *Oberhaus*, der Senat. Während der Parlamentswochen im Sommer findet draußen auf der Grünfläche die tägliche Parade der rot livrierten Wachsoldaten nach englischem Vorbild statt. Diese **Changing the Guard** genannte Wachablösung ist eine der großen Touristenattraktionen der Stadt.

Der **East Block** (Führungen im Juli und August täglich ab 10 Uhr) wurde zwischen 1859 und 1865 als ältester Teil des Parlamentskomplexes errichtet. Hier liegen die Kabinettsräume des Privy Council und die Büros früherer Premierminister und Generalgouverneure. In vier dieser Räume wurde ihr originaler Zustand von 1872 wieder hergestellt.

Von der Rückseite des Parlamentsgebäudes genießt man einen weiten Blick auf den Ottawa River, durch dessen Mitte die Provinzgrenze zwischen Ontario und Québec verläuft. Mit einem Blick nach rechts ist die Alexandra Bridge zu sehen, die sich nach Hull hinüberspannt.

Lässt man Parliament Hill hinter sich und spaziert auf der Wellington Street weiter nach Westen, so taucht rechter Hand der **Supreme Court** ❷, Kanadas Oberstes Gericht, auf. Das Gebäude ähnelt einem französischen Château.

Auf derselben Straßenseite stehen die **National Archives of Canada** ❸ (395 Wellington Street), die Nationalbibliothek, in der das gesamte publizistische Erbe des

In prächtigem Rahmen wählt Kanadas Abgeordnetenhaus seinen Sprecher

weiter erreicht man den **Confederation Square** ❻, auf dem sich das War Memorial zur Erinnerung an die Toten der Kriege erhebt.

Nicht umsonst genießt Ottawa landesweit den Ruf als Stadt der Festivals. Eine hervorragende Adresse für Oper, Theater, Ballett und Konzerte klassischer Musik ist das **National Arts Centre** ❼ (www.nac-cna.ca) an der Elgin Street. Neben der Oper (2326 Sitze) gibt es drei Theaterbühnen (von 85 bis fast 1000 Sitzplätzen) und ein ausgezeichnetes Restaurant, das sich schlicht ›le Café‹ nennt.

Vom Canal Rideau zum Sussex Drive

An der Einmündung der Wellington in die Rideau Street erhebt sich das beeindruckendste Hotel der Stadt, das 1912 im neugotischen Stil erbaute **Château Laurier** ❽. Neben dem Château Frontenac in Québec City und dem Royal York Hotel in Toronto ist es eines der Flaggschiffe der Hotelkette Fairmont.

Die Hotelterrasse führt direkt auf den **Canal Rideau** ❾ und die an dieser Stelle befindlichen acht handbetriebenen Schleusen, die den Höhenunterschied von 24 m zum Ottawa River für die auf dem Kanal zugelassenen kleineren Boote überwinden helfen.

Auf der anderen Kanalseite kann das 1828 errichtete älteste Steinhaus der Stadt besichtigt werden. Heute hat sich hier das **Bytown Museum** ❿ (www.bytownmuseum.com, Mitte Mai–Mitte Okt. tgl. 10–17, sonst Di–So 11–16 Uhr) einquartiert, das die militärische und wirtschaftliche Entwicklung Ottawas seit der Gründungszeit, als die Stadt noch Bytown hieß, illustriert.

Zurück über die Schleusen lohnt ein Spaziergang durch den **Major's Hill Park** ⓫. Von der hügeligen Grünanlage genießt man einen guten Ausblick zum Parliament Hill, der sich hier als ideales Fotomotiv anbietet. Am Ende des Parks befindet sich ein weiterer Aussichtspunkt, **Nepean Point** ⓬. Dort ist dem französischen Forscher Samuel de Champlain ein Denkmal gewidmet, das den berühmten Mann in einer für ihn typischen Haltung darstellt: ein Gerät zur Standortbestimmung in den Händen, orientiert er sich in der fremden Umgebung.

Landes gesammelt wird. Mehr als 60 Mio. Manuskripte sowie 1 Mio. Zeichnungen und Karten lagern in den Archiven.

Auf dem Weg zurück ins Zentrum kann man durch eine Fußgängerzone, die **Sparks Street Mall** ❹, schlendern, in der sich viele Läden, Imbissstände und Kneipen aneinanderreihen. Gleich an der Ecke Kent Street steht auch das Gebäude der Bank of Canada mit dem **Currency Museum** ❺ (245 Sparks Street, www.currencymuseum.ca, Mo–Sa 10.30–17, So 13–17 Uhr, Okt.-April nur Di–So), in dem detailliert die Geschichte des (kanadischen) Geldes erzählt wird.

Spaziert man durch diese Einkaufsmeile Richtung Elgin Street, passiert man eine Reihe von modernen Skulpturen, etwa das Ensemble ›Joy‹ von Bruce Garner vier nackte Menschen, die sich tanzend an den Händen halten. Drei Blocks

In seinem Blickfeld am gegenüberliegenden Ufer des Ottawa River in Hull

TOP TIPP steht das 1989 eröffnete, herausragende **Canadian Museum of Civilization** ⓭ (100 Laurier Street, www.civilization.ca, Mai–Sept. Mo–Mi 9–18, Do/Fr 9–20, Sa/So 9.30–18, Okt.–April Di/Mi, Fr 9–17, Do 9–20, Sa/So 9.30–17 Uhr), dessen Architektur sich ganz futuristisch präsentiert. Die geschwungenen Linien des Gebäudes erinnern an die für Kanada so typischen Naturgewalten von Wasser und Eis, können aber auch als überdimensionaler und umgestülpter indianischer Einbaum interpretiert werden. Spektakulär gleich zu Beginn des Rundgangs ist die knapp 1800 m² große Grand Hall: Das Museum besitzt die weltweit reichhaltigste Sammlung indianischer Totempfähle, die hier bis unter die Decke ragen. Ein halbes Dutzend Holzhäuser erinnert an die sechs indianischen Stämme der kanadischen Westküste. In der interaktiven Präsentation zur Geschichte Kanadas und seiner Besiedlung werden sowohl die Leistungen der europäischen Einwanderer als auch die der indianischen Ureinwohner sowie die Inuit anschaulich gewürdigt.

Nach diesem lohnenden Abstecher kann man über die Alexandra Bridge nach Ottawa zurückkehren, um die Stadtbesichtigung entlang des Sussex Drive fortzusetzen. Gleich an der St. Patrick Street erhebt sich die **Basilica Notre Dame** ⓮ mit ihren zwei Spitztürmen, die älteste Kirche Ottawas. Bereits 1846 begann man mit dem Bau, vollendet wurde er jedoch erst ein halbes Jahrhundert später. Das im neogotischen Stil errichtete Gotteshaus ist Sitz des Erzbischofs von Ottawa. Im Innenraum beeindruckt das schmale, hohe Mittelschiff durch Holzschnitzereien und Glasmalereien mit religiösen Motiven. Weiterhin sehenswert ist die Orgel mit ihren 4000 Pfeifen.

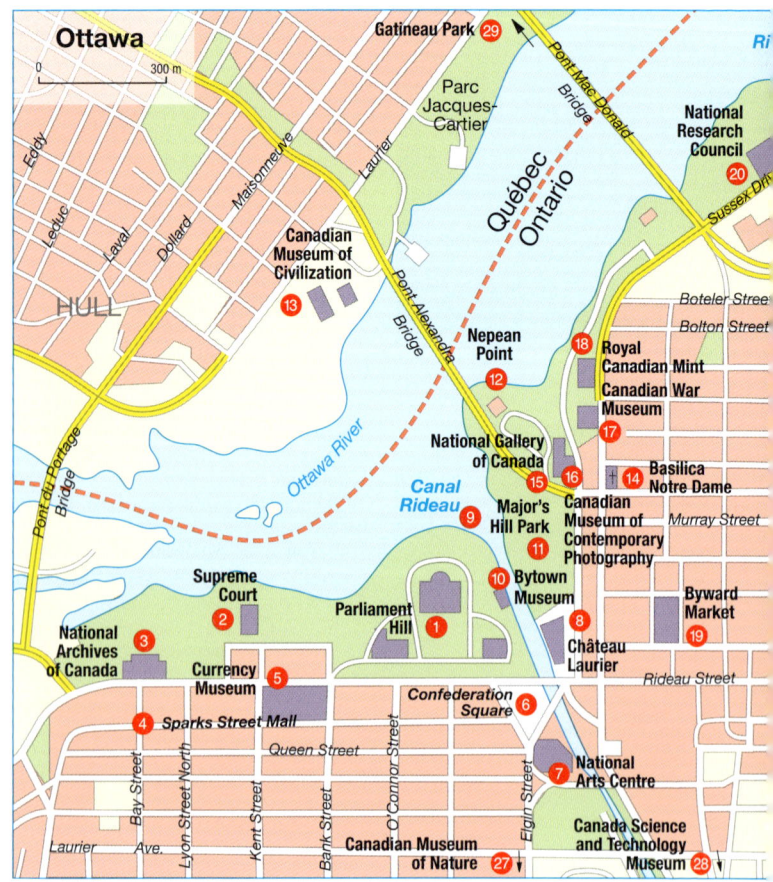

In unmittelbarer Nachbarschaft, am Sussex Drive, glänzt die imposante Glasfassade der **National Gallery of Canada** 🔵 (www.gallery.ca, Mai–Sept. tgl. 10–17, Do bis 20, Okt.–April Di–So 10–17, Do bis 20 Uhr). Das von dem kanadischen Architekten Moshe Safdie entworfene Gebäude öffnete 1989 seine Pforten. Über eine ausladende, allmählich ansteigende Rampe nähert man sich den Meisterwerken, so als ob der zu erwartende Kunstgenuss noch hinausgezögert und dadurch gesteigert werden sollte. Blickfang ist die einem gotischen Turm nachempfundene Glaskuppel der Great Hall, die sowohl den gegenüberliegenden Rundbau der Parlamentsbibliothek interpretiert als auch die Türme der benachbarten Basilica Notre Dame. Im Inneren zeichnet das hereinfallende Tageslicht immer wieder neue geometrische Muster auf Decken und Wände der Galerien, Atrien und Hallen. Rund 40 000 Ob-

Der Glaspalast der National Gallery of Canada, führendes Kunstmuseum des Landes

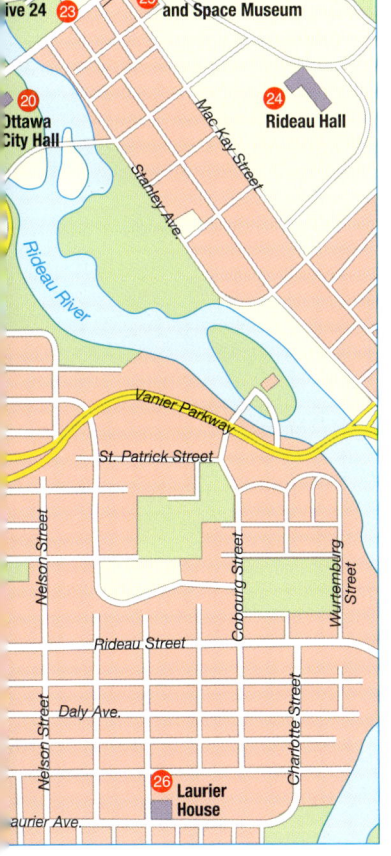

jekte umfasst das größte Museum des Landes, das in mehrere kanadische Abteilungen, eine amerikanische und eine europäische Galerie sowie eine Kollektion mit fotografischen Arbeiten unterteilt ist. Besonders sehenswert ist die Sammlung der Inuit, die einen guten Überblick über deren einzigartige Kunst gibt. Sie besteht aus 1400 Werken, darunter Skulpturen aus Serpentinschiefer und Speckstein, Schnitzereien aus Walrosszähnen und Wandbehänge aus Robbenhaut.

Unter den hier vertretenen Künstlern befinden sich neben den Mitgliedern der Group of Seven europäische Meister wie Rubens und Rembrandt, Picasso, Braque und Matisse sowie amerikanische Maler wie Jackson Pollock. Ein weiterer Höhepunkt ist der komplette Wiederaufbau der aus dem 19. Jh. stammenden Rideau Street Convent Chapel im Herzen der Galerie.

Das **Canadian Museum of Contemporary Photography** 🔴 (www.cmcp.gallery.ca, Mai–Sept. tgl. 10–17, Okt.–April Di–So 10–17, Do bis 20 Uhr) zeigt Arbeiten zeitgenössischer kanadischer Fotografen.

Auf dem Sussex Drive stadtauswärts passiert man zunächst das **Canadian War Museum** 🔴 (330 Sussex Drive, www.warmuseum.ca, Mai–Sept. Mo–Mi 9–18, Do/Fr 9–20, Sa/So 9.30–18, Okt.–April Di/Mi, Fr 9–17, Do 9– 20, Sa/So 9.30–17 Uhr), das die kanadische Militärgeschichte präsentiert. Es schließt sich die **Royal Canadian Mint** 🔴 (320 Sussex Drive, www.mint.ca,

Führungen Mitte Mai–Aug. Mo–Fr 9–18, Sa/So 9–16.30, sonst tgl. 9–16 Uhr) an. In der Königlichen Münzprägeanstalt, die trutzig wie eine schottische Burg wirkt, wird bis heute das kanadische Hartgeld geprägt, wenn auch die wichtigste Landesprägeanstalt mittlerweile in Winnipeg beheimatet ist. Die Besucher können beim Münzprägeprozess zuschauen und durch den Kauf von Münzen ihre Sammlung aufstocken.

Ein paar Blocks hinter der Basilica Notre Dame beginnt die York Street, über die man direkt zum **Byward Market** 🔴19 gelangt. Diesen Marktplatz suchten Mitte des 19. Jh. die Farmer der Umgebung auf, um ihre frischen Agrarprodukte zu verkaufen, heute erledigt auf dem Frucht- und Gemüsemarkt die elegante Diplomatengattin ebenso ihre Einkäufe wie der Student der Carleton University. Die Gegend hat sich mehr und mehr zu einem Trendviertel der Stadt entwickelt. Um die große Markthalle herum finden sich Kneipen, Restaurants, Straßencafés, Lebensmittelgeschäfte und Boutiquen.

Am Ufer des Ottawa River und rund ums Zentrum

Auf dem Sussex Drive stadtauswärts, immer mit schönem Blick auf den Ottawa River, erreicht man eine Reihe weiterer Sehenswürdigkeiten. Kurz hinter der MacDonald Bridge liegt der **National Research Council** 🔴20, ein Komplex naturwissenschaftlicher Forschungslaboratorien. Angeschlossen ist die Nationalbibliothek der Wissenschaften, die wichtigste Bibliothek dieser Art in Kanada.

Ein Stück weiter auf dem Sussex Drive erreicht man die **Ottawa City Hall** 🔴21 auf der kleinen Insel Green Island an der Mündung des Rideau River in den Ottawa River. Auch bei dem 1958 errichteten Rathaus ist die Handschrift seines Architekten Moshe Safdie zu erkennen.

Nicht weit davon ergießt sich der Rideau River über die **Rideau Falls** 🔴22 in den Ottawa River. Den Namen Rideau benutzten die ersten französischen Pioniere, weil sie die Form des Wasserfalles an einen Vorhang erinnerte.

Ottawas Byward Market ist der älteste Bauernmarkt Kanadas

typen, von der Anfangszeit der Pioniere der Lüfte bis zum High-Tech-Gerät des Düsenzeitalters, werden gezeigt.

Das **Laurier House 26** (335 Laurier Avenue East/Chapel Street, April/Mai Mo–Fr 9–17, Juni–Mitte Okt. tgl. 9–17 Uhr) im Osten der Stadt, das frühere Wohnhaus der Premierminister Wilfried Laurier und William Lyon Mackenzie, ist heute Museum und präsentiert historische Dokumente sowie persönliche Gegenstände der beiden Staatsmänner.

Besonders bei Kindern beliebt ist das **Canadian Museum of Nature 27** (240 McLeod Street, www.nature.ca, Juni–Aug. Sa–Mi 9–18, Do/Fr 9–20, Sept.–Mai Di/Mi, Fr–So 9–17, Do 9–20 Uhr) im Süden des Zentrums, wartet es doch u. a. mit einem Dinosaurierskelett auf und entführt den Besucher in die Welt der Goldsucher.

Nicht nur für technisch Interessierte lohnt das am östlichen Stadtrand angesiedelte **Canada Science and Technology Museum 28** (1867 St. Laurent Boulevard, www.sciencetech.technomuses.ca, Mai–Aug. tgl. 9–17, Sept.–April Di–So 9–17 Uhr) einen Besuch. Hier wird die Entwicklung von Technik und Wissenschaft anschaulich erklärt. Dabei reicht die Bandbreite von der Eisenbahn über funkelnde Oldtimer bis zur Weltraumtechnologie.

Gatineau Park

Wer dem Trubel der Stadt – auch wenn Ottawa niemals richtig hektisch wird – für einen Tag entfliehen möchte, findet mit dem **Gatineau Park 29** eine nahe gelegene Oase der Ruhe. Diese 35 000 ha große Grünfläche, die sich bereits auf dem Gebiet der Provinz Québec erstreckt, erreicht man über den Highway 5 Richtung Old Chelsea. In Chelsea gibt es ein *Visitor Center* (33 Scott Road, tgl. 9–17 Uhr), das über die Sehenswürdigkeiten des Parks informiert. Neben Dutzenden von Seen, an denen man (mit Angellizenz) fischen kann, verfügt der Gatineau Park über unzählige gut ausgebaute Wanderwege (im Winter Loipen), Picknickplätze und Campingmöglichkeiten. Besondere Attraktion der Parkanlage ist die **Mackenzie King Estate** (75 Barnes Road, Chelsea, Mitte Mai–Mitte Okt. tgl. 11–17 Uhr), die heute als Museum hergerichtete Sommerresidenz des ehemaligen kanadischen Premierministers.

Überquert man den Rideau River, erreicht man nach etwa 500 m den **Sussex Drive 24** **23**, eine wichtige Adresse der kanadischen Politik. Hier befindet sich der 1868 fertiggestellte Amtssitz des Premierministers. Das stattliche, aber keineswegs pompöse Haus aus grauen Steinquadern liegt inmitten eines gepflegten Parks.

Entlang des Sussex Drive erstreckt sich das schicke Diplomatenviertel Rockcliffe. **Rideau Hall 24** (Sussex Drive 1, www.gg. ca, Mai/Juni Sa/So 10–16, Juli/Aug. tgl. 10–16, Sept./Okt. Sa/So 12–16 Uhr) ist seit 1867 der Amtssitz des britischen Generalgouverneurs in Kanada, der als Stellvertreter der Queen fungiert. Die im viktorianischen oder orientalischen Stil eingerichteten Räume sowie die Sammlung kanadischer Kunst (Crown Collection) können auch besichtigt werden.

Das nur wenige Kilometer weiter am Aviation Parkway gelegene **Canada Aviation and Space Museum 25** (www. aviation.technomuses.ca, Mai–Aug. tgl. 9–17, sonst Mi–Mo 10–17 Uhr) ist Kanadas größtes Luftfahrtmuseum. 118 Flugzeug-

Einer der reizvollsten Aussichtspunkte ist der **Champlain Lookout**, von dem man einen beeindruckenden Blick auf das breite Tal des **Ottawa River** genießt. Dabei fällt die Vorstellung schwer, dass der Fluss, der meist sehr gemächlich dahinfließt, auch seine wilden Seiten hat. Doch nicht umsonst genießt er ob seiner Stromschnellen bei Wildwasserkanuten, Kajak- und Rafting-Fans einen ausgezeichneten Ruf.

Praktische Hinweise

Information

Ottawa Tourism, 90 Wellington Street, Ottawa, Tel. 613/237-51 50, www.ottawa tourism.ca.

Rafting-Touren

OWL Rafting, 40 OWL Lane, Foresters Falls, Tel. 613/646-22 63, www.owl-mkc.ca.

Wilderness Tours, Box 89, Beachburg, Tel. 613/646-22 91, www.wildernesstours.com

Hotels

******The Fairmont Château Laurier**, 1 Rideau Street, Ottawa, Tel. 613/241-14 14, www.fairmont.com. Neogotischer Bau mit prächtiger Lobby und edlen Zimmern.

*****Lord Elgin**, 100 Elgin Street, Ottawa, Tel. 613/235-33 33, www.lordelginhotel.ca. Vis-à-vis zum National Arts Centre. Elegantes Hotel, unlängst komplett renoviert.

*****Minto Suite Hotel**, 185 Lyon Street North, Ottawa, Tel. 613/232-22 00, www. mintosuitehotel.com. Apartmenthotel mit edlen Suiten und gut ausgestatteten Küchen zum Selbstversorgen.

Restaurants

Blue Cactus Bar and Grill, 2 Byward Market, Ottawa, Tel. 613/241-70 61. Schicke In-Kneipe mit Restaurantbetrieb. Serviert wird vor allem mexikanische Küche.

Caribbean Sizzler, 133 Bank Street, Ottawa, Tel. 613/569-70 00. Authentische jamaikanische Spezialitäten wie Jerk Chicken und Calalloo, preiswert.

Suisha Gardens, 208 Slater Street, Ottawa, Tel. 613/236-96 02. Seit 1976 traditionelle japanische Küche in stilvollem Ambiente.

Rotfuchs im winterlichen Algonquin Provincial Park

9 Algonquin Provincial Park

TOP TIPP *Am besten erforscht man Ontarios bekanntesten Provinzpark zu Fuß oder per Kanu.*

Der 1893 gegründete und rund 7500 km² große Provinzpark ist der älteste in Ontario und liegt nur etwa vier Autostunden nördlich von Toronto. Als einzige Straße führt der Highway 60 durch ein rund 60 km langes Stück im Süden des Parks. Die Durchfahrt ist kostenlos, bei einem Stopp ist eine Eintrittskarte erforderlich. Wer in sein ›wildes Herz‹ vorstoßen will, sollte entweder gut zu Fuß oder ein begeisterter Paddler sein.

Der Algonquin Provincial Park verbindet – und das macht wohl seine Beliebtheit aus – auf angenehme Weise die Befriedigung der Abenteuerlust mit den Annehmlichkeiten einer zuverlässigen **Ausrüstungs-Infrastruktur**. Ob Proviant, Leihkanus oder Sprit für Motorboote (die auf einigen wenigen Seen zugelassen sind), alle notwendigen Versorgungsgüter kann man vor Ort kaufen oder leihen.

Benannt nach den in diesem Gebiet ursprünglich lebenden Indianern, bietet der Algonquin Park über 2100 km **Kanurouten** und 140 km **Wanderwege** von unterschiedlichen Längen und Schwierigkeitsgraden, sodass hier Anfänger ebenso wie Fortgeschrittene, Wochenendausflügler ebenso wie Langzeiturlauber auf ihre Kosten kommen.

Einer der anspruchsvollsten Hiking-Trails im Park ist der **Western Uplands Backpacking Trail** in der Nähe des Westeingangs, der allerdings nur von erfahrenen und gut trainierten Wanderern in Angriff genommen werden sollte, denn die drei Etappen sind zwischen 32 und 88 km lang. Rucksack und Zelt sollten unbedingt mitgeführt werden. Weggenossen sind Schwarzbären, Stachelschweine und, im Hochsommer, Tausende von Moskitos.

Je tiefer man auf seiner Tour in die Wildnis vorstößt, umso größer ist die Chance, Elche, Schwarzbären, Biber oder sogar Wölfe zu beobachten. Doch sollte man stets die Hinweise des Information Centre beachten, die auf Begegnungen mit dem Wildlife richtig vorbereiten.

Nur auf Wasserwegen kommen Angler zu den besten Forellenrevieren im Park

ℹ️ Praktische Hinweise

Information

Information Centre, bei km 43 des Highway 60. Reservierung von Campingplätzen oder Hütten in den drei Lodges des Parks, Tel. 416/800-06 76, www.algonquinpark.on.ca

Kanuverleih

Algonquin Outfitters–Oxtongue Lake, 1035 Algonquin Outfitters Road, Tel. 705/635-22 43, www.algonquinout fitters.com. Kanus und Ausrüstung für Touren – auch Mountainbikes, Skier, Schneeschuhe rund ums Jahr.

Algonquin Outfitters–Opeongo Lake, am südlichen Ufer des Opeongo Lake, Tel. 613/637-20 75, www.algonquinout fitters.com. Saisonal betriebene Niederlassung des Ausstatters.

Opeongo Outfitters Store, Highway 60, am östlichen Parkeingang, Tel. 613/637-54 70, www.opeongooutfitters.com. Hier kann man Kanus tage- oder wochenweise mieten. Ausrüstung für Hiking- und Angeltouren ist ebenfalls erhältlich.

Lodges

Bartlett Lodge, Blockhäuser am Lake Cache, abseits des Highway, Tel. 705/ 633-55 43, www.bartlettlodge.com. Vom Parkplatz am Seeufer werden die Gäste zu den auf einer Halbinsel gelegenen Unterkünften übergesetzt. Im gemütlichen Speiseraum der Lodge wird sehr gutes Essen serviert. Kanus sind für Gäste frei verfügbar.

TOP TIPP **Killarney Lodge**, Highway 60, Tel. 705/633-55 51, www.killarneylodge. com. Die rustikalen Blockhütten vermitteln echtes Trapper-Feeling. Im Preis ist Vollpension enthalten, Kanus stehen für die Gäste zur Verfügung. Der Lake of Two Rivers liegt vor der Haustür, geöffnet ist die Lodge Mai bis Mitte Oktober.

10 Georgian Bay

Die Bucht der 30 000 Inseln ist eines der wichtigsten Zentren indianischer Kultur in Kanada.

Die Georgian Bay ist eine riesige Ausbuchtung des **Lake Huron**, von manchen wird die Bucht auch die ›sechste der Großen Seen‹ genannt – an den meisten Stellen reicht das Wasser bis zum Horizont. Neben dem Algonquin Park gilt die Georgian Bay als weiteres großes Naherholungsgebiet für die Torontonians

Unter Wasser Schiffswracks, darüber Blumentöpfe: Flowerpot Island in der Georgian Bay

feinen, dünnen Wasserstrahlen können mit etwas Fantasie tatsächlich das Bild eines überdimensionalen Brautschleiers abgeben. Ein besonderes kulturelles Ereignis ist jedes Jahr Anfang August das größte nordamerikanische **Pow-Wow**. Aus allen Teilen des Kontinents strömen Indianer vieler Stämme nach Manitoulin Island, das die dort lebenden Ojibwa ›Heimat des Großen Geistes‹ nennen. Noch heute macht die indianische Bevölkerung rund ein Drittel der insgesamt 12 000 Inselbewohner aus. Im Ort Wikwemikong dröhnen dann tagelang die Trommeln, stampfen die mokassinbewehrten Füße im Rhythmus der Musik, werden traditionelle indianische Wettbewerbe wie Bogenschießen ausgetragen und indianische Speisen zubereitet.

Im Südosten der Georgian Bay wurde 1929 der **Georgian Bay Islands National Park** gegründet, der heute 63 Inseln umfasst. Die größte dieser Wanderparadiese ist Beausoleil Island.

Auf dem Festland, gegenüber von Manitoulin Island, liegt der **Killarney Provincial Park**, für viele noch ein Geheimtipp. Der nur 363 km² große Park mit seinen zahlreichen Seen ist ein nahezu unberührtes Naturparadies, dessen Fundament das Milliarden Jahre alte Quarzgestein des Kanadischen Schildes bildet. Weiter entfernt von den urbanen Zentren Ontarios als der Algonquin Provincial Park, besitzt er zwar weniger Popularität, doch kommen Wanderer und Kanuten hier sicher noch stärker in den Genuss von Ursprünglichkeit und Abgeschiedenheit.

und andere Bewohner des südlichen Ontario, liegen die Südausläufer der Bucht doch nur knapp zwei Autostunden von der Großstadt entfernt. Einblicke in indianische Kultur und Geschichte bietet insbesondere ein Ausflug nach Manitoulin Island, der größten Süßwasserinsel der Welt, die man von Toronto kommend am einfachsten über die Bruce-Halbinsel und den Fährhafen Tobermory erreicht.

Zum **Fathom Five National Marine Park**, Kanadas erstem Unterwasserpark vor der Nordspitze der Bruce Peninsula, gehören auch etliche kleine Inseln, darunter Cove Island und **Flowerpot Island**. Der Park ist ein besonders anziehendes Tauchrevier, weil hier 22 Schiffswracks im klaren Wasser liegen, die fast alle im 19. Jh. den heftigen Stürmen zum Opfer fielen.

Vor allem im Juli und August sollte man für die gut zweistündige Passage mit der Autofähre von Tobermory nach **Manitoulin Island** lange Wartezeiten einkalkulieren Dafür wird man mit einer abwechslungsreichen Landschaft und Einblicken in indianische Kultur belohnt. Die Insel erstreckt sich über 170 km von West nach Ost und etwa 80 km an der breitesten Stelle von Nord nach Süd. Sightseeing-Höhepunkt sind für die meisten Besucher die Wasserfälle Bridal Veil Falls bei Kagawong im Norden. Die

ℹ️ Praktische Hinweise

Information

Tobermory Chamber of Commerce, Tobermory, Tel. 519/596-24 52, www.tobermory.org

Fähre

MS Chi-Cheemaun, Owen Sound Transportation Company, Tel. 519/376-66 01, www.ontarioferries.com. Autofähre von Tobermory nach South Baymouth auf Manitoulin Island.

Hotels

Blue Bay Motel, Tobermory, 32 Bay Street, Tel. 519/596-23 92, www.bluebay-motel.com. Der schöne Blick aus dem Mittelklassehaus geht auf Hafen und Fährenleger.

Killarney Mountain Lodge, 3 Commissioner Street, Killarney Provincial Park, Tel. 705/287-22 42, www.killarney mountainlodge.com. Schöne Lage an der Georgian Bay.

Silver Birches Resort, Little Current, Manitoulin Island, Tel. 705/368-26 69, www.silverbirchesresort.com. Einfaches kleines Resorthotel u. a. mit Kanuverleih.

11 Sudbury

Die Weltkapitale des Bergbaus engagiert sich zunehmend im Umweltschutz.

Fast jeder der 100 000 Einwohner Sudburys arbeitet im Bergbau oder hat Familienmitglieder, Freunde oder Nachbarn, die in der Montanindustrie beschäftigt sind. In Kanada nennt man Sudbury auch die ›Nickelhauptstadt der Welt‹. Das ist aber nur die halbe Wahrheit. Denn in der Platin-, Kupfer- und Goldproduktion steht Sudbury im internationalen Vergleich ebenfalls ganz vorn.

Das Wissenschaftszentrum **Science North** (100 Ramsey Lake Road, www. sciencenorth.ca, Juli/August tgl. 9–18, Sept.–Dez., März–Juni tgl. 10–16 Uhr) bietet u. a. eine interessante Ausstellung zur Geologie und beschäftigt sich gezielt mit den Fragen einer ökologischen Regeneration der Natur, da die Belastung der Umwelt durch die jahrelangen gewaltigen Fördermengen groß ist. Außerdem veranstaltet Science North seit 2003 in **Dynamic Earth** (122 Big Nickel Road, www.dynamicearth.ca, März–Juni tgl. 10–16, Sa/So 10–17, Juli/Aug. tgl. 9–18, Sept.–Mitte Okt. tgl. 10–16 Uhr) spektakuläre Führungen durch stillgelegte Bergwerksstollen sowie Multimediashows. Übertage gibt es einen Spielplatz und das Sinnbild für die außergewöhnliche Stellung der Stadt in der Erzförderung, **The Big Nickel**, die gigantische Nachbildung einer 5-Cent-Münze.

i Praktische Hinweise

Information

Sudbury Tourism, 200 Brady Street, Sudbury, Tel. 705/674-44 55, www.sudburytourism.ca

Hotels

****Howard Johnson Plaza Hotel**, 50 Brady Street, Sudbury, Tel. 705/675-56 02, www.hojosudbury.ca. Im komfortabelsten Haus der Stadt sind auch Kinder herzlich willkommen.

***Travelway Inn**, 1200 Paris Street, Sudbury, Tel. 705/522-11 22, www.travelwayinn sudbury.com. Nahe bei Science North, gehobene Mittelklasse.

12 Thunder Bay

Das Tor zum Westen ist Kanadas drittgrößter Hafen.

Die ›Stadt der Getreidesilos‹ könnte man Thunder Bay (100 000 Einw.) auch nennen, obwohl große Weizenfelder eigentlich das Wahrzeichen der kanadischen Zentral- und Westprovinzen sind. Viele Bewohner verstehen sich zudem eher als West- denn als Ostkanadier. In Thunder Bay stehen die größten Getreidesilos der Welt. Von dort wird der Weizen über den St.-Lorenz-Seeweg in alle Welt verschickt. Der Hafen ist nach Umschlagtonnage der drittgrößte Kanadas.

Doch die Stadt, die 1969 aus dem Zusammenschluss der beiden Gemeinden Port Arthur und Fort William entstand, hat auch kulturelle und historische Sehenswürdigkeiten zu bieten. Der **TOP TIPP** **Fort William Historical Park** (1350 King Road, www.fwhp.ca, Juni–Mitte Okt. tgl. 10–17, sonst Mo–Fr 11–14 Uhr) vor den Toren von Thunder Bay erinnert an die Zeit der Pelzhändler im frühen 19. Jh. Rund 40 Gebäude und ein Indianerdorf machen die Palisaden-Befestigung zum größten Fort seiner Art in Nordamerika. In den Sommermonaten lassen Mitarbeiter in historischen Kostümen als Trapper, Indianer und Soldaten die Pionierzeiten wieder aufleben.

Etwa 10 km westlich von Thunder Bay (Hwy 11) donnern die Wassermassen der **Kakabeka Falls** in die Tiefe. Die Bewohner der Region nennen sie stolz die ›Niagarafälle des Nordens‹.

i Praktische Hinweise

Information

Tourism Thunder Bay, Terry Fox Information Centre, 1000 Hwy. 11–17 (am östlichen Ortsrand), Thunder Bay, Tel. 807/983-20 41, www.thunderbay.ca

Auf Manitoulin Island in der Georgian Bay findet das größte Pow-Wow Nordamerikas statt

Hotels

***Travelodge Airlane Hotel, 698 West Arthur Street, Thunder Bay, Tel. 807/473-16 00, www.travelodge-airlane.com. In der Nähe von Old Fort William. Ordentliches Preis-Leistungs-Verhältnis.

***Valhalla Inn, 1 Valhalla Inn Road, Thunder Bay, Tel. 807/577-11 21, www.valhalla inn.com. Großes Haus mit ansprechenden Zimmern und zwei Restaurants.

13 Cochrane

Die Kleinstadt ist Ausgangspunkt für einen Kurztrip an die James Bay.

Nur gut 5000 Einwohner zählt Cochrane. Und eigentlich würde dieser Ort in keinem Reiseführer erwähnt, wäre er nicht Ausgangspunkt für eine ungewöhnliche Bahnreise. In Cochrane startet der **Polar Bear Express** in den hohen Norden zur James Bay, zu der es keine Straßenverbindung gibt.

Die Landschaft wird nach Norden hin immer karger. An der James Bay herrscht bereits subarktisches Klima. Der Flecken **Moosonee** hat kaum mehr als 1000 Einwohner und liegt an der Mündung des Moose River, dem einzigen Gezeitenfluss der Provinz Ontario, in die James Bay. Der Ort, in dem überwiegend Nachfahren der Cree-Indianer leben, führte ein abgeschiedenes Dasein, bis im Jahre 1932 die

Eisenbahnlinie gebaut wurde. Er besteht größtenteils aus schlichten Zweckbauten. Sehenswert sind das James Bay Education Centre, das einen Einblick in die Kultur der Cree-Indianer gibt, und das Ministry of Natural Resources Interpretive Centre, das sich mit der Tier- und Pflanzenwelt sowie dem geologischen Aufbau der subarktischen Region beschäftigt.

Nicht entgehen lassen sollte man sich einen Besuch auf **Moose Factory Island**. Dort hatte sich die Hudson Bay Company bereits um 1673 mit einem befestigten Handelsposten etabliert. Im *Centennial Park* (Ende Juni–Aug. tgl. 10–16 Uhr) sind das aus Holzbohlen gezimmerte Staff House und drei Häuser, in denen Kaufleute der Company wohnten, zu besichtigen. Die anglikanische Kirche St. Thomas, die in den 1960er-Jahren gebaut wurde, ist mit indianischer Kunst ausgestattet.

Wer aber Eisbären zu sehen hofft, wird enttäuscht, denn die weißen Raubtiere sieht man bestenfalls im Hunderte Kilometer entfernten Polar Bear Park.

ℹ Praktische Hinweise

Polar Bear Express, Ontario Northland Station, Cochrane, Tel. 705/272-53 38, www.polarbearexpress.ca

Hotel

**The Station Inn, 200B Railway Street, Cochrane, Tel. 705/272-35 00. Moderne Zimmer direkt am Bahnhof.

Québec – die launische Diva

Eine Nation innerhalb einer Nation: Wer die Grenze von Ontario nach Québec überschreitet, wechselt in den französischen Sprachraum mit einem gewöhnungsbedürftigen Dialekt. Zu der völlig anderen Kultur dieser Provinz gehören auch die ganz überwiegend katholische Religion ihrer Einwohner und ihre dennoch um Einiges beschwingtere und leichtere Lebensart.

Die Provinz ist nach ihrer beschaulichen Hauptstadt **Québec City** benannt, wo sich der **St.-Lorenz-Strom** auf nur 1 km Breite verschmälert. Genau das, eine Engstelle, bedeutet ›Quebec‹ in der Sprache der Algonquin-Indianer.

Die größte Provinz des Landes umfasst den Hauptteil der Halbinsel Labrador und des daran anschließenden Gebietes am St.-Lorenz-Strom. An dem gigantischen Fluss mit 3000 km Länge und oft mehreren Kilometern Breite begann die europäische Besiedlung des Landes. In den arktischen und subarktischen Regionen des Nordens leben die wenigen Ureinwohner Kanadas, *Inuit* und *Indianer*, während das Tiefland des St. Lorenz mit der Metropole **Montréal** zu den am dichtesten besiedelten Regionen Kanadas zählt. Doch nur wenige Kilometer außerhalb der Stadtgrenzen begeistert eine atemberaubende Natur, denn Québec ist auch die Provinz der zahllosen *Seen*, der riesigen *Laub- und Nadelwälder* und der *rauen Küsten* wie etwa auf der Halbinsel **Gaspésie**.

14 Montréal

Die Metropole mit den zwei Gesichtern: französische Lebensart und amerikanische Hochhausarchitektur.

Wer durch die Straßenschluchten der Downtown spaziert, die hier ›Centre Ville‹ heißt, ist sich meist nicht bewusst, dass er sich in der, nach Paris, zweitgrößten frankophonen Stadt der Welt befindet. Von den rund 3,6 Mio. Einwohnern des Großraums Montréals sprechen ungefähr zwei Drittel die Sprache Sartres und Camus'. Der Rest spricht Englisch, aber auch Italienisch, Chinesisch oder Arabisch. Kurzum: In Montréal treffen sich – wie in Toronto – die Kulturen der Welt.

Fast jede ethnische Gruppe lebt in ihrem eigenen Viertel, die **Frankokanadier** in ihren Mittelklasse- und Arbeitervororten oder – die Reichen von ihnen – in Outremont. Die wohlhabenden **Anglokanadier** dagegen findet man überwiegend in Westmount. So erhalten sich viele Stadtteile ihre charakteristischen Eigenheiten. Ein Schmelztiegel dagegen ist der **Boulevard St-Laurent**, auch ›The

Mile‹ genannt, seit 300 Jahren erster Anlaufpunkt für Neuankömmlinge aus aller Welt. Heute sind dort die Läden kreativer Designer, Restaurants unterschiedlichster Provenienz, Bars und Musikkneipen voller junger Talente zu finden. In der spannenden **Musikmetropole** Montréal reicht der Genremix vom weltgrößten Jazzfestival (Festival International de Jazz) bis zum Indie Rock der 2002 gegründeten Band Arcade Fire.

Montréal verbindet scheinbar Gegensätzliches auf unnachahmliche Weise: Die Metropole auf der gleichnamigen Insel oberhalb der Mündung des Ottawa River in den St. Lorenz hat sich den Charme und das Savoir-vivre einer französischen Großstadt bewahrt, lebt aber auch das amerikanische Wunschbild von Easy going und zupackendem Optimismus. Ganz nordisch wirkt Montréal dann während der sehr kalten und langen Winter, wenn das Thermometer auf bis zu minus 40 °C fällt.

Geschichte   Im Jahre 1535 erreichte Jacques Cartier auf seiner zweiten Expedition das Gebiet der Irokesen-Siedlung **Hochelaga** und errichtete auf der Bergspitze, die er zu Ehren des französischen Königs Franz I. **Mont Royal** nannte, ein mächtiges Holzkreuz. Damals lebten in der Gegend der heutigen McGill University etwa 1000 Indianer, deren Vorväter hier bereits seit dem 5. Jh. siedelten.

Das eigentliche Gründungsdatum der Stadt fällt ins Jahr 1642, als Paul de Chomedey, Sieur de Maisonneuve, eine französische Siedlung namens **Ville Marie** auf der Isle de Montréal ins Leben rief. In den folgenden Jahrzehnten kam es jedoch immer wieder zu Scharmützeln mit den Irokesen, die sich nicht missionieren lassen wollten. Erst 1701 schloss man im Vertrag von Montréal Frieden mit den Indianern. Danach boomte die kleine Siedlung, wuchs zu einem bedeutenden *Pelzhandelsposten* heran und zählte bald mehrere tausend Einwohner.

Der Siebenjährige Krieg in Europa (1756–63) wirkte sich bis in die Kolonien aus: Die Engländer begannen ihre Offensive zur Eroberung Neufrankreichs und nahmen 1760 Montréal ohne Widerstand ein – anders als ein Jahr zuvor in der blutigen Schlacht um Québec City. Als

Montréal bietet französisches Lebensgefühl in nordamerikanischer Kulisse

Montréals Place Jacques Cartier könnte auch in einer bretonischen Kleinstadt liegen

nun über Montréal der Union Jack wehte, ließen sich britische Kaufleute in der Stadt nieder und reorganisierten das Pelzgeschäft. Das Handelsvolumen stieg, weil die Engländer in das Hinterland ausschwärmten, um die Felle direkt bei den Indianern zu kaufen. 1784 gründeten sie die North West Trading Company, die später von der Hudson Bay Company übernommen wurde. Und um 1830 war Montréal keine französisch geprägte Stadt mehr – nachdem viele Iren Mitte des 18. Jh. zugezogen waren, sprachen 50 Prozent der Einwohner Englisch.

Zu Beginn des 19. Jh. konzentrierten sich die politisch und wirtschaftlich einflussreichen Kreise auf den Ausbau der Schifffahrt. 1809 verkehrten bereits regelmäßig Dampfschiffe zwischen Montréal und Québec City. Einen weiteren Bedeutungszuwachs als Wirtschaftszentrum erhielt die Stadt 1836 durch die Errichtung einer Eisenbahnlinie. In den 1830er-Jahren überrundete Montréal die Rivalin Québec City und war um 1850 mit 50 000 Einwohnern die größte Stadt im Land.

Montréal wurde immer mehr zum Magnet für Einwanderer – zunehmend auch aus Osteuropa – und zog zudem die Landbevölkerung der Umgebung an, die in den Fabriken Arbeit suchte. 1866 erreichten die Frankokanadier endgültig die Bevölkerungsmehrheit, die sie bis heute behalten haben. Zur Zeit des Ersten Weltkrieges lebte fast eine halbe Million Menschen in Montréal.

Zu großen **interethnischen Krisen** zwischen Anglo- und Frankokanadiern kam es 1917, als die kanadische Regierung sich entschloss, gegen Deutschland in den Krieg zu ziehen, und erneut im Zweiten Weltkrieg. Der heftige Widerstand der Frankokanadier endete mit der Inhaftierung des frankophonen Bürgermeisters Camillien Houde 1940–44 und der Entsendung kanadischer Truppen an der Seite der Alliierten.

Nach dem Krieg boomte die Stadt wie nie zuvor, die Bevölkerung verdoppelte sich zwischen 1941 und 1961 auf 2 Mio. Einwohner, vor allem dank Immigranten aus Italien und Griechenland sowie durch einen starken Geburtenzuwachs. Diese Epoche markierte aber auch die zunehmende Verschlechterung der Beziehungen zwischen Kanada und der Provinz Québec, ausgelöst durch die **separatistischen Bestrebungen** politischer Kreise. Die Entfremdung zwischen englisch- und französischsprachiger Bevölkerung hatte ihren Ursprung vor allem in der Tatsache, dass die Minderheit der Anglokanadier die Wirtschaft und die Finanzwelt kontrollierte.

Durch gesetzliche Regelungen versuchte die frankophone Provinzregierung, diesen Nachteil auszugleichen. So mussten z. B. angelsächsische Firmenchefs Zertifikate über ihre französische Sprachfähigkeit erbringen. Nicht wenige Anglokanadier verließen in der Folgezeit die Provinz Richtung Westen – mit ihnen gingen Banken, Firmen und somit Arbeitsplätze und Investitionen.

Als die Front de Libération du Québec (FLQ), eine militante Bewegung von radikalen Separatisten, 1970 den Provinzminister Pierre Laporte entführte und er-

morderte, stellte Premierminister Pierre Trudeau, selbst ein Frankokanadier, Montréal unter Kriegsrecht. Die Entführer setzten sich nach Kuba ab, die Krise war vorüber. Ende 1995 sprach sich nur eine hauchdünne Mehrheit in einem Referendum für den Verbleib in Kanada aus. 2006 wurden die Québécois offiziell als ›Nation innerhalb eines geeinten Kanadas‹ anerkannt. Um die separatistische Diskussion ist es heute etwas ruhiger geworden.

Schlagzeilen positiver Art machte Montréal 1967 mit der groß angelegten **Expo**, die mit 62 teilnehmenden Nationen und 50 Millionen Besuchern als erfolgreichste Weltausstellung des 20. Jh. gilt. 1976 war die Stadt Austragungsort der **Olympischen Sommerspiele** mit dem schwarzer Biber Amik als Maskottchen. Zum ersten Mal wurde das olympische Feuer von einem Paar entzündet, einer Englisch sprechenden Torontonian

und einem frankophonen Sportler aus der Gastgeberstadt. 1992 feierte die Stadt ihren **350. Geburtstag**, stolz darauf, eine der ältesten Siedlungen Nordamerikas zu sein. Ende 2005 berieten die Teilnehmer der **UN-Klimakonferenz** hier über die Durchsetzung des Kyoto-Protokolls.

Montréal lässt sich auf zwei Rundgängen durch die Altstadt und das moderne Zentrum bequem zu Fuß erschließen. Zudem bietet ein weitläufiges Metro-Netz hervorragende Verbindungen bis in die Randgebiete der Stadt.

Vieux Montréal

Montréal besitzt die größte geschlossene Altstadt in Nordamerika: Vieux Montréal wird begrenzt vom St. Lorenz im Südosten und der sich nördwestlich anschließenden Innenstadt Centre Ville. Man spaziert über Kopfsteinpflaster, vorbei an

restaurierten Häusern des 17.–19. Jh., und vergisst dabei schnell die modernen Wolkenkratzer, die nur ein paar Straßen entfernt in den Himmel ragen.

Als Ausgangspunkt für einen Rundgang durch das Zentrum eignet sich die **Place Jacques Cartier** ❶ südlich der Rue Notre-Dame. Das Nelson-Denkmal in der Mitte des Platzes ist das älteste Monument in der Stadt. Es wurde zu Ehren des Sieges bei Trafalgar 1809 errichtet. Der Platz verwandelt sich im Frühjahr und Sommer in ein Blumenmeer. Zahlreiche Straßencafés verleihen ihm eine ausgesprochen mediterrane Atmosphäre.

Vis-à-vis steht das 1872–78 im Neorenaissance-Stil erbaute ehrwürdige **Hôtel-de-Ville** ❷, von dessen Balkon Charles de Gaulle 1967 mit dem Ausruf ›Vive le Québec libre!‹ die Separatismusbewegung neu entfachte.

Auf eine wechselvolle Geschichte blickt das 1705 gleich schräg gegenüber errichtete **Château Ramezay** ❸ (www.chateauramezay.qc.ca, Juni–Mitte Okt. tgl. 10–18, sonst Di–So 10–16.30 Uhr) zurück: Zunächst diente das Schloss als Residenz der französischen Gouverneure, 1775 fungierte es zwischenzeitlich als Hauptquartier der amerikanischen Armee, außerdem wurde es als Justizpalast und teilweise als Universität genutzt. Heute ist im Château Ramezay ein Museum eingerichtet, das Gebrauchsgegenstände des 18. und 19. Jh. präsentiert.

Nur wenige Minuten zu Fuß sind es von hier zur **Chapelle Notre-Dame-de-Bonsecours** ❹ (400 Rue St-Paul), der 1655 errichteten ältesten Kirche der Stadt. Das heutige Gotteshaus stammt allerdings von 1885, da mehrere Brände die von der inzwischen heilig gesprochenen Lehrerin Marguerite Bourgeois gegründete Kapelle zerstört hatten. Im Inneren sind einige von Matrosen gestiftete Schiffsmodelle zu sehen. Ein Anbau beherbergt das

Märchenhafte Pracht – goldverzierter Innenraum der Basilique Notre-Dame

zum früheren Finanzviertel Montréals, der **Place d'Armes** 7, auf der heute der in einem Denkmal verewigte Stadtgründer Sieur de Maisonneuve die Fahne Frankreichs hochhält. Ein weiterer Blickfang ist der rote Sandsteinturm des **New York Life Insurance Building** 8, das sich als erster Wolkenkratzer der Stadt seit 1888 auf der Ostseite des Platzes erhebt.

Schräg gegenüber, an der Rue Notre-Dame, befindet sich hinter einer Steinmauer versteckt das älteste noch erhaltene Gebäude Montréals: Das **Séminaire de St-Sulpice** 9, 1685 gegründet, wird bis heute als Priesterseminar genutzt. Besondere Zier der schlichten Fassade ist eine Holzuhr aus dem Jahre 1701, die als älteste ihrer Art in Nordamerika gilt.

TOP TIPP Nebenan ragt die riesige **Basilique Notre-Dame** 10 (www.basilique nddm.org, Mo-Fr 8–16.30, Sa 8–16, So 12.30–16 Uhr) in den Himmel. Errichtet wurde sie 1824–29 als damals größte Kirche Nordamerikas vom New Yorker Architekten James O'Donnell. Er war mit seinem Bau so zufrieden, dass er zum Katholizismus konvertierte, um im Gotteshaus seine letzte Ruhe finden zu können. Der wie ein Märchen aus Kunst und Kitsch wirkende Innenraum bietet 3500 Gläubigen Platz und besteht fast ganz aus Holz, das bemalt und zum Teil mit Blattgold geschmückt wurde. Die Glasfenster zeigen wichtige Ereignisse der Stadtgeschichte. Sehens- und vor allem hörenswert ist die Orgel mit 5772 Pfeifen. Sie untermalt auch die Lichtinstallationen während der abendlichen ›And then there was light‹-Show (Di–Fr ab 18.30 Uhr).

Die an die Basilika angeschlossene, 1888 entstandene **Chapelle du Sacré-Cœur** ist als Hochzeitskapelle sehr beliebt. Bemerkenswert ist der bronzene Altar von Charles Daudelin, der ebenso wie die Guilbeault-Thérien-Orgel beim Wiederaufbau nach dem Brand von 1978 hinzugefügt wurde. Bevor man die Kapelle verlässt, kann man rechts noch dem Musée de la Basilique einen kleinen Besuch abstatten. Hier sind sakrale Gegenstände aus dem Besitz des Monseigneur de Pontbriand, des letzten Erzbischofs von Neufrankreich, ausgestellt.

Durch die Rue St-Sulpice gelangt man zur Rue St-Paul mit ihren Boutiquen und Galerien. Folgt man ihr in westlicher Rich-

Musée Marguerite-Bourgeois (März/April und Okt.–Mitte Jan. Di–So 11–15.30, Mai–Sept. Di–So 10–17.30 Uhr).

Gleich nebenan erstreckt sich der 163 m lange **Marché Bonsecours** 5 mit seiner markanten Kuppel. Auch dieses Gebäude hat seit seiner Entstehung 1847 schon zahlreiche Funktionen innegehabt: Es diente als Konzertsaal und Rathaus, wurde als Markthalle genutzt und war zuletzt Verwaltungsgebäude. Nach einer Restaurierung sind Restaurants, Galerien und Geschäfte mit Kunsthandwerk aus Québec eingezogen, und es finden regelmäßig Wechselausstellungen statt.

Über die Rue St-Paul zur Place Jacques Cartier und zur Rue Notre-Dame zurück erreicht man den **Vieux Palais de Justice** 6 aus dem Jahr 1856 und daneben an der Ecke zum Boulevard St-Laurent den neuen Justizpalast.

Der Rue Notre-Dame weiter Richtung Westen folgend, gelangt man geradewegs

tung, gelangt man zur **Place Royale** ⑪, auf der früher das Militär exerzierte. Dieser älteste Platz Montréals wurde 1657 angelegt. An der Pointe-a-Calliere erhebt sich das architektonisch extravagante **Museé d'Archéologie et d'Histoire** ⑫ (www.pacmusee.qc.ca, Di–Fr 10–17, Sa/So 11–17, Juli/Aug. bis 18 Uhr), das zum 350. Geburtstag der Stadt 1992 exakt an der Stelle entstand, an der Montréal am 18. Mai 1642 gegründet wurde. Mit dem modernen Turm erinnert es an einen Schiffsausguck oder einen Leuchtturm und nimmt somit auf den nahe gelegenen Hafen Bezug, den man von der Aussichtsplattform im obersten Stock überblicken kann. Im Inneren ist mit modernsten technischen Mitteln die Stadtgeschichte aufbereitet, im Kellergeschoss wurde ein archäologischer Rundgang durch Grabungsareale eingerichtet, die Tour endet im Alten Zollgebäude auf der gegenüberliegenden Straßenseite.

An der Rue de la Commune liegt der **Vieux-Port** ⑬, der Alte Hafen. Mit seinen restaurierten Lagerhallen und neu entstandenen Kultureinrichtungen avancierte er zu einem der populärsten Treffpunkte der Stadt. In den Sommermonaten muss man als Fußgänger ein Auge auf die zahlreichen Inline-Skater haben, die die Promenade zu ihrem liebsten Übungsterrain erkoren haben. Vier große Quais strecken sich von der Promenade in den St. Lorenz, Ausflugsbarkassen und Jachten geben dem Hafen einen bunten Anstrich. Eine besondere Attraktion ist der weltweit gleichzeitig mit mehreren Ensembles und unterschiedlichen Shows auftretende **Cirque du Soleil** (www.cirquedusoleil.com). Sein Standort in seinem ›Geburtsort‹ Montréal ist der **Quai Jacques Cartier**. Etwas abseits des Trubels lädt der kleine Park **Des Ecluses** zum Verweilen ein. Er liegt direkt am alten Lachine-Kanal, der 1825 erbaut worden

war, um die Stromschnellen umschiffen zu können. Heute ist der Wasserweg nicht mehr in Betrieb. Der Blick schweift von hier u. a. auf die avantgardistischen Würfelhäuser des Architekten Moshe Safdie. Er hat sie anlässlich der Weltausstellung Expo 1967 entworfen und ihnen den Namen **Habitat '67** gegeben.

Centre Ville

Die Innenstadt von Montréal zeigt ein völlig anderes Bild als die eher beschauliche Altstadt. Hier befindet sich der Business District der Wolkenkratzer, der großen Hotels und Haupteinkaufsstraßen. Als Ausgangspunkt für einen Rundgang bietet sich die weithin sichtbare und unverwechselbare **Place Ville-Marie** 🔴14 an. Dieser verspiegelte Hochhauskomplex, der sich auf einem kreuzförmigen Grundriss erhebt, veränderte in den 1960er-Jahren das Stadtbild radikal. Der chinesisch-amerikanische Architekt I. M.

Pei, der u. a. die Louvre-Pyramide in Paris entworfen hat, zeichnet auch für dieses auffällige Bauwerk verantwortlich.

1962 wurden unter der Place Ville-Marie die ersten Passagen der Montréaler Untergrundstadt eröffnet, 1966 **TOP TIPP** folgte die Métro. Die **Underground City** ist eine Shopping Mall unter und über der Erde, ein weit verzweigtes System von Kaufhäusern, Einzelhandelsgeschäften, Boutiquen, Banken, Restaurants, Kinos, Kneipen, Hotels und sogar einer Stadtbücherei, die sich auf verschiedenen Ebenen befinden und durch sieben Métro-Stationen, Außeneingänge und Hochhauskomplexe miteinander verbunden sind. Seit ihrer Eröffnung wächst die Stadt unter der Stadt immer weiter. Mittlerweile ist Montréals Shopping-Unterwelt mit 32 km Länge die größte weltweit.

Über den verkehrsreichen Boulevard René Lévesque erreicht man in südlicher Richtung das **Sun Life Building** 🔴15, das 1913–33 für den gleichnamigen Versicherungskonzern erbaut wurde und lange Zeit das höchste Gebäude des Britischen Empire war. Während des Zweiten Weltkrieges wurden hier die englischen Kronjuwelen verwahrt.

Direkt gegenüber liegt die **Cathédrale Marie-Reine-du-Monde** 🔴16, eine 1894 im Maßstab 1:3 fertiggestellte Nachbildung der Peterskirche in Rom und Sitz des Erzbischofs von Montréal. Im Inneren sind in einer Totenkapelle Bischöfe und Erzbischöfe der Stadt begraben.

Für eine Verschnaufpause bietet sich der direkt neben der Kirche gelegene große **Dominion Square** 🔴17 mit seinen Grünanlagen an. Denkmäler erinnern hier an Wilfried Laurier, den kanadischen Premierminister (1896–1911), Königin Victoria sowie die Gefallenen des Burenkrieges in Südafrika.

An der Ecke Rue de la Gauchetière und Peel lohnt die 1870 im neogotischen Stil errichtete **St. George's Anglican Church** 🔴18 einen Besuch. Die Außenfassade besteht aus Sandstein, das Interieur aus dunklem Holz. Sehenswert sind die Holzarbeiten im Chor und die Wandteppiche, die während der Krönung von Königin Elizabeth II. im Jahr 1953 in der Londoner Westminster Abbey hingen.

An der **Rue de la Gauchetière 1000** 🔴19 steht der 1992 errichtete Turm, der nach seiner Hausnummer benannt und mit 205 m das höchste Bauwerk der Provinz ist. 50 Stockwerke streckt er sich gen Himmel – höher durfte der postmoderne

Im Kartenbild:

Rue St-Denis / Rue St-Viger

VIEUX

Champ-de-Mars

🔴4 **Chapelle Notre-Dame-de-Bonsecours**

🔴2 **Château Ramezay**

🔴5 **Marché Bonsecours**

Hôtel-de-Ville

🔴3

🔴1 **Place Jacques Cartier**

🔴13 **Vieux-Port**

🔴6 **Vieux Palais de Justice**

New York Life Insurance Building

Place d'Armes

Bassin Jacques-Cartier

🔴10 **Basilique Notre-Dame**

Bassin du Roi Edward

Séminaire St-Sulpice

🔴12 **Musée d'Archéologie et d'Histoire**

🔴9

🔴11 **Place Royale**

Rue St-Pierre

Rue de la Commune

Bassin Alexandra

Rue McGill / Rue Wellington / Rue Queen / Rue William

Canal de Lachine

Glaspalast nicht werden, da kein Gebäude in der Stadt den Mont Royal überragen soll. In seinem Foyer befindet sich eine öffentliche Eislaufbahn, in der man sich auch stundenweise Schlittschuhe ausleihen kann.

Östlich benachbart erhebt sich der massive Bau der **Place Bonaventure** 20. Dieser wuchtige Betonklotz wurde 1966 von dem einheimischen Architekten Raymond Affleck entworfen, dient als Shopping Center mit Métro-Station und beherbergt außerdem ein 400-Zimmer-Hotel sowie zwei Ausstellungshallen.

Der Rue University in westlicher Richtung folgend, erreicht man nach einigen hundert Metern das **Eaton Centre** 21 (Rue Ste-Catherine), eine fünfstöckige Galerie mit zahlreichen Restaurants und Geschäften. Nebenan lockt das Kaufhaus Complexe Les Ailes die Shopping-Fans.

Auf der anderen Seite der Rue University erhebt sich die markante **Christ Church Cathedral** 22, der man – aus Gewichtsgründen, denn der Untergrund der Kirche drohte nachzugeben – eine Turmspitze aus Aluminium verpasste, nachdem die ursprüngliche, steinerne Variante 1927 zerstört worden war. Auf originelle Weise gelöst wurde das statische Problem, als 1987 die Promenades Cathédrale unter das Gotteshaus gesetzt wurde. Heute also steht die Kirche sicher auf dem Dach dieser Shopping Mall. Besonders reizvoll ist der Kontrast des neogotischen Sakralbaus zu seinem verspiegelten 34-stöckigen Nachbarn, dem Tour KPMG.

Ein paar Straßen weiter westlich, in der Rue de Bleury, lohnt die **Eglise du Gésu** 23 einen Abstecher. Ursprünglich gehörte der 1864 errichtete Sakralbau zu einem Jesuitenkolleg, das jedoch 1975 zerstört wurde. Die beiden unvollendeten Kirchtürme im neogotischen Stil erinnern an den Geldmangel, der im 19. Jh. zu einem vorzeitigen Baustopp führte. Im Inneren ziehen sieben Altäre sowie großformatige Gemälde die Aufmerksamkeit des Betrachters auf sich.

Zurück auf der Rue Ste-Catherine, der belebtesten Einkaufsstraße Montréals, erreicht man alsbald die **Place des Arts** 24, ein Ensemble von Konzertsälen, Theatern und Ausstellungsräumen. Der Platz selbst ist bei warmem Wetter stets bevölkert, Treppen rund um einen Springbrunnen laden zu einer Pause ein oder verführen Skateboarder dazu, ihre Künste vor Publikum zu präsentieren. Die bauliche Konzeption der Place des Arts wurde

vom New Yorker Lincoln Center inspiriert. In der *Salle Wilfrid Pelletier* (2982 Plätze) sind das renommierte Orchestre symphonique de Montréal (www.osm.ca) und die Oper der Stadt zu Hause, das *Théâtre Maisonneuve* beherbergt drei Säle mit 138 bis 1460 Plätzen. Seit 1992 residiert auf dem Kulturgelände das *Musée d'Art Contemporain* (www.macm.org, Di, Do–So 11–18, Mi 11–21 Uhr), das internationale zeitgenössische Kunst ausstellt, darunter Werke der Bildhauerin Louise Bourgeois und der Fotografin Nan Goldin.

In südlicher Richtung, vorbei am Complexe Desjardins, einem weiteren Shopping Center, erreicht man die kleine **Chinatown** 25, die sich östlich der Rue Bleury und südlich des Boulevard Réne Lévesque erstreckt. Ihr Zentrum liegt rund um die Straßen Gauchetière, Urbain und Viger. Viele der Chinesen, die sich im 19. Jh. hier ansiedelten, hatten zuvor am Bau der transkontinentalen Eisenbahn, die 1886 fertiggestellt worden war, mitgearbeitet. Mit einem originellen architektonischen Detail reflektiert das Holiday Inn an der Viger Avenue die Nähe zur Chinatown: Auf seinem Dach stehen zwei Pagoden.

Am Rand der Innenstadt – drei Métro-Stationen entfernt – befinden sich einige weitere Sehenswürdigkeiten, die man keinesfalls auslassen sollte. An der Rue Guy der Métro entstiegen, ist es nicht weit zur Ecke Rue Sherbrooke/Avenue du Musée mit dem markanten **Musée des Beaux-Arts de Montréal** 26 (www.mbam.qc.ca, Di–Fr 11–17, Sa/So 10–17 Uhr). Dieses älteste und wichtigste Museum der Provinz Québec wurde 1860 von der Art Association of Montréal, einer Gruppe kunstbegeisterter Anglokanadier, gegründet. Der *Pavillon Beniah-Gibb* öffnete seine Pforten 1912, die helle Fassade aus Vermont-Marmor ist auch heute noch der Blickfang des Gebäudes. 1991 hat das Museum mit dem von Architekt Moshe Safdie entworfenen, auf der anderen Straßenseite gelegenen *Pavillon Jean-Noel-Desmarais* den dringend benötigten Erweiterungsbau erhalten. Er ist durch einen unterirdischen Tunnel mit den älteren Flügeln verbunden. Die Sammlungsschwerpunkte des Hauses liegen auf präkolumbischer Kunst und kanadischer des 19. und 20. Jh., auf zeitgenössischer nordamerikanischer sowie europäischer Kunst, darunter Holzschnitte von Karl Schmidt-Rottluff, Lithographien von Paul Gauguin und Ölgemälde von Pierre Gauvreau aus Québec.

Herzstück des Kulturzentrums Place des Arts ist die Salle Wilfrid Pelletier

Direkt um die Ecke zweigt die **Rue Crescent** 27 ab, an der sich schön restaurierte viktorianische ein- und zweistöckige Häuser aufreihen. Dem Ambiente angemessen werden in den darin befindlichen Geschäften teure Antiquitäten und Designerkleidung angeboten. Südlich des Boulevard de Maisonneuve ändert die Straße ihr Gesicht jedoch radikal: Nun bestimmen Bars, Kneipen und Restaurants die (laute) Szenerie.

Zurück auf der Rue Sherbrooke liegt auf deren Südostseite das noble **Ritz-Carlton Montréal Hotel** 28. Dieses 1912 von Hotelzar César Ritz persönlich eröffnete Haus hat im Laufe der Zeit schon viele berühmte Zeitgenossen beherbergt. Richard Burton und Liz Taylor wurden hier 1964 getraut. Sein derzeitiger Umbau (Wiedereröffnung Herbst 2011) soll das Haus zum besten Hotel Kanadas machen.

Von hier sind es einige Minuten zu Fuß zum Campus der berühmten **McGill University** 29, die sich auf der linken Seite der Rue Sherbrooke am Fuße des Mont Royal erstreckt. Die 1821 durch eine Stiftung des Pelzhändlers James McGill gegründete Alma Mater gilt als eine der renommiertesten Hochschulen Nordamerikas und ist die älteste der vier Universitäten der Stadt. Auf dem repräsentativ angelegten Campus befindet sich auch das *Redpath Museum* (Mo–Fr 9–17, So 12–17 Uhr), das mit einer umfang-

63

reichen naturgeschichtlichen und ethnologischen Sammlung aufwartet.

An der Ecke zur Rue University steht das **McCord Museum** ㉚ (www.mccord-museum.qc.ca, Di/Do/Fr 10–18, Mi 10–21, Sa/So 10–17 Uhr), das 1906 vom Architekten Percy Nobbs im Stil des englischen Barock entworfen wurde. Wer sich für die kanadische Historie, insbesondere für die Geschichte der Stadt und ihrer Bewohner interessiert, ist hier richtig. Umfangreiche Sammlungen von Kostümen, Gemälden und Fotos sowie ein Dokumentationszentrum geben ein bemerkenswertes Zeugnis vom kanadischen Alltagsleben des 18. und 19. Jh.

Fast um die Ecke liegt das **House of Jazz** (2060 Rue Aylmer), Montréals berühmtester Club, in dem schon Oscar Peterson und Liza Minnelli auftraten und es abends bei Jazzmusik von internationalem Niveau immer noch hoch hergeht.

Quartier Latin und Mont Royal

Der Rue de Maisonneuve bis zur Rue St-Denis folgend, erreicht man Montréals **Quartier Latin** ㉛. Hier breitet sich das alternative und studentische Leben aus. Zahllose Cafés, Restaurants und Kneipen, Off-Theater sowie Secondhand-Läden, aber auch hochpreisige Geschäfte bilden eine abwechslungsreiche Mixtur.

Blick vom Mont Royal auf Montréals Skyline und den St.-Lorenz-Strom

Sehr reizvoll ist ferner ein Rundgang durch den Stadtteil Mont Royal. Die 234-Meter-Erhebung wird bei den Einwohnern schlicht ›der Berg‹ genannt. Andere bezeichnen das Gebiet auch als die ›Grüne Lunge‹, denn der riesige **Parc du Mont Royal** ㉜ ist ein Naherholungsgebiet, das viele Städter zum Joggen, Fahrradfahren oder im Winter zum Skilanglauf aufsuchen. Er wurde vom amerikanischen Gartenbaufachmann Frederick Olmsted entworfen, der auch den New Yorker Central Park gestaltet hat.

Den vielleicht besten Blick auf die Stadt genießt man vom Aussichtspunkt **Chalet du Mont Royal** (tgl. 10.30–16 Uhr). Direkt unterhalb – zum Greifen nah – liegt der Campus der McGill University, dahinter ragen die Wolkenkratzer der Innenstadt in den Himmel. Wer sich an dem herrlichen Panorama satt gesehen hat, kann im Chalet, das in den 1930er- und 1940er-Jahren für Konzerte und ähnliche Vergnügungen genutzt wurde, die großen Gemälde aus der Pioniergeschichte Kanadas bewundern.

Das **Plateau Mont-Royal** ㉝, ein Quartier nordöstlich des Parks, ist von großen,

alten Bäumen durchsetzt. In seinen Back-
steinhäusern mit Außentreppen haben
sich viele Cafés, Restaurants, Galerien und
Buchläden angesiedelt, zu denen immer
mehr teure Designer-Boutiquen und
Nachtclubs kommen.

In einem Art-decó-Gebäude von 1933
am Canal de Lachine ist der **Atwater
Market** 34 zuhause, ein Bauernmarkt mit
Betonung auf Bio-Erzeugnissen, ergänzt
von Metzgereien, die eine reiche Auswahl vom Bisonfleisch bis zur Gänseleber

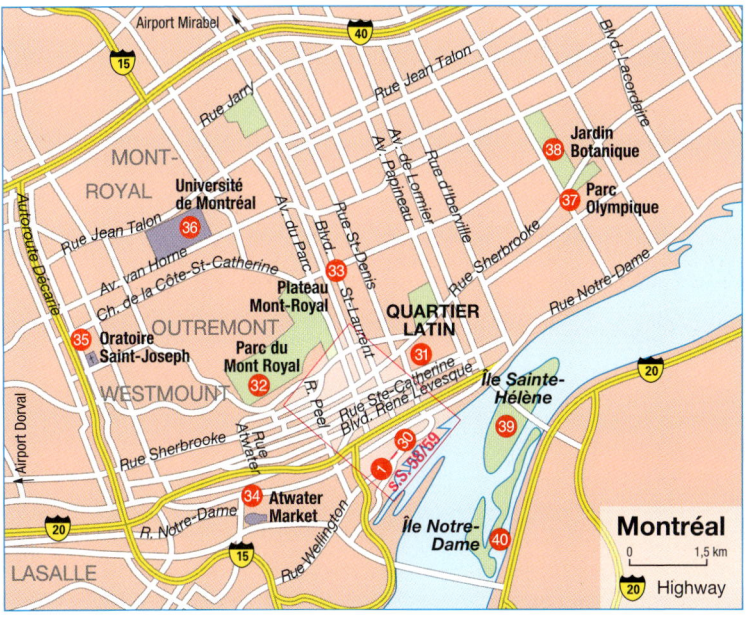

führen. Dazu gesellen sich Imbissstände und Restaurants in und vor der Halle.

Der gewaltige Bau des **Oratoire Saint-Joseph** 35 (www.saint-joseph.org, Basilika Mai–Okt. tgl. 7–21, sonst tgl. 7–17.30 Uhr) ist als Ziel von 2 Mio. Gläubigen jährlich eine der wichtigsten Wallfahrtskirchen in Nordamerika. Auf einer Anhöhe stehend, von 300 Treppenstufen umgeben, scheint das Gotteshaus mit dem grünen Kupferdach allem Irdischen entrückt und zählt zu den größten christlichen Sakralbauten. 1924 begonnen schließt es die vom Mönch Frère André 20 Jahre zuvor zu Ehren des heiligen Joseph errichtete Holzkapelle mit ein. Da dem Glaubensbruder Heilkräfte nachgesagt wurden, entwickelte sich der Ort schon bald zu einem religiösen Anziehungspunkt für Kranke und Gebrechliche, und man begann mit dem Bau der heutigen Kirche. Die ursprüngliche Kapelle, in der sich das Grab des 1982 selig gesprochenen André befindet, ist noch immer zu besichtigen. Daneben beschäftigt sich ein Museum mit dem Leben des Mönchs.

Über den Boulevard Edouard Montpetit erreicht man die **Université de Montréal** 36, die größte französischsprachige Universität außerhalb von Paris. Weithin sichtbar ist der Bibliotheksturm, der sich durch seinen maurischen Charakter stilistisch von den übrigen Gebäuden abhebt, die jedoch gleichfalls aus gelb-grauen Ziegeln gemauert sind. Die ersten Studenten zogen zu Anfang der

Ein schräger Turm überragt Montreals Olympiastadion östlich der City

1940er-Jahre auf dem Campus ein, heute sind hier weit mehr als 50 000 Studenten immatrikuliert.

Die Universität liegt am Rande des Viertels Outremont, in dem die wohlhabenden Frankokanadier wohnen. Große Steinhäuser mit schönen gepflegten Vorgärten bestimmen hier das Bild. Das angelsächsische Pendant, der Stadtteil Westmount, erstreckt sich westlich der Straße Côte-des-Neiges.

Olympiagelände

Weit im Osten der Stadt liegt der **Parc Olympique** 37 (www.rio.gouv.qc.ca), in dem 1976 die 21. Olympischen Sommerspiele stattfanden. Wie schon die Weltausstellung Expo 1967 wurde auch das Großereignis des internationalen Sports zum Anlass genommen, das Gesicht der Stadt grundlegend zu verändern. Am Parc Maisonneuve entstanden in nur wenigen Jahren zahlreiche Sportstadien und das olympische Dorf.

Von der Expo '67 blieb die 62 m hohe Biosphère, damals Pavillon der USA, erhalten

TOP TIPP **Olympiastadion** (Führungen tgl. Mitte Juni–Aug. 10–17, sonst tgl. 11–15.30 Uhr) mit seinem geneigten Turm (tgl. 9–17 Uhr), der mit 175 m der weltweit höchste seiner Art ist. Eine Seilbahn, der Funicular, bringt Besucher in wenigen Minuten auf die Turmspitze, von der sie einen weiten Blick über Montréal genießen. Das Stadion selbst bietet 56 000 Sitzplätze und wird u. a. vom Footballteam Montreal Alouettes genutzt.

TOP TIPP Neben dem Olympiastadion liegt der unbedingt sehenswerte **Biodôme** (www.biodome.qc.ca, Mitte Juni–Anfang Sept. tgl. 9–18, sonst tgl. 9–17 Uhr). In diesem einzigartigen Ausstellungsgebäude bevölkern allerlei Tiere die begrünten Hallen und sorgen für reichlich Abwechslung. Auf 10 000 m² werden auf diese Weise insgesamt vier verschiedene Ökosysteme präsentiert: der tropische Regenwald, der Laurentinische Wald Québecs, die Unterwasserwelt des St.-Lorenz-Stroms sowie die arktische und subarktische Welt.

Einen Besuch lohnt auch der **Jardin Botanique** 38 (tgl. 9–18 Uhr), der am Rande des Parc Maisonneuve liegt. Die 1931 eröffnete Anlage ist die größte ihrer Art in Nordamerika und zeigt auf einer Fläche von mehr als 70 ha 25 000 Pflanzenarten. Mit einer kleinen Bahn kann der Besucher durch das weiträumige Gelände fahren. Sehenswert sind der Chinesische und der verspielte Japanische Garten mit Teichen, Brücken und der größten Sammlung von Bonsai-Bäumen außerhalb Asiens sowie das Arboretum. Das Insectarium am östlichen Rand des Botanischen Gartens beherbergt eine reiche Auswahl an Insekten. Tausende bunter Schmetterlinge aus aller Welt flattern im Frühjahr durch das größte der zehn Gewächshäuser.

Île Sainte-Hélène und Île Notre-Dame

Die beiden Inseln vis-à-vis des Vieux-Port dienten 1967 als Veranstaltungsort der Weltausstellung Expo. Aus der **Île Sainte-Hélène** 39 entstand ein großes Freizeit-Gelände mit einem vielseitigen Angebot. Mit Rummelplatz-Attraktionen zieht etwa der Vergnügungspark *La Ronde* (www.laronde.com, Juni–Aug. tgl. 11–21, Mai und Aug.–Okt. Sa/So 11–19 Uhr) im Sommer viele Besucher an. Einen Ausflug in die Geschichte bietet das *Vieux Fort* (www.stewart-museum.org, Juni–Sept. tgl. 10–17, sonst Mi–Mo 10–17 Uhr), das 1825 vom Herzog von Wellington erbaut wurde, um Montréal vor Angriffen der Amerikaner zu schützen. Von dort genießt man einen hervorragenden Blick auf die Skyline und auf die gewaltige Jacques Cartier Bridge, die 1930 eröffnet wurde.

Mitten auf der Insel liegt der *Parc Jean-Drapeau*, das damalige Kerngebiet der Ausstellung Expo. Heute befindet sich hier ein Amphitheater, das im Sommer für Freiluftaufführungen genutzt wird. In der Nähe steht der monumentale ›L'Homme‹ von Alexander Calder, eine gut 20 m hohe Skulptur, die etwa 60 t wiegt. Zwischen Mai und Oktober findet hier an Sonntagen das ›Piknic Electronik‹ (http://piknicelectronik.com) statt und versetzt die Fans von Elektro- und House-Musik in kollektive Schwingungen.

Weithin sichtbar ist die riesige Aluminiumkugel der *Biosphère*, die als eines der wenigen Bauwerke der Expo überlebt hat. Bei einem Feuer 1978 verlor sie zwar ihre durchscheinende Acrylhaut, doch bietet die filigrane Konstruktion mit ihren 80 m Durchmesser noch immer einen erstaunlichen Anblick.

Die **Île Notre-Dame** 40, künstlich aufgeschüttet aus dem Aushub des Métro-Baus, entstand innerhalb von nur zehn Monaten. Man hat ihre Gestalt architektonisch geplant und ihrem Zweck entsprechend geformt. Für alle Motorsportfreunde ist die Tatsache wichtig, dass auf dem *Circuit Gilles Villeneuve* (www.circuitgillesvilleneuve.ca) alljährlich der Große Preis von Kanada in der Formel 1 ausgetragen wird. Ein weiterer Anziehungspunkt ist das rund um die Uhr geöffnete *Montréal Casino*, mit 3200 Automaten und über 120 Spieltischen größte Spielbank Kanadas. Zwei ihrer drei Gebäude, der French Pavilion und der Québec Pavilion, waren für die Expo 1967 errichtet worden.

Ausflug

Eine Autostunde vor den Toren der Stadt erheben sich im Norden die **Laurentides**, ein Mittelgebirgszug, der mit zahlreichen Seen, großen Wäldern und drei Dutzend Golfplätzen aufwartet. Besonders der Indian Summer mit seiner grandiosen Laubfärbung lockt viele Montréaler zu einem Kurzurlaub hierher.

ℹ Praktische Hinweise

Information

Office de Tourisme du Grand Montréal, 1555 Rue Peel, Montréal, Tel. 514/844-5400, www.tourisme-montreal.org

Centre Infotouriste, 1255 Rue Peel, Montréal, www.bonjourquebec.com

Flughafen

Pierre Elliott Trudeau International Airport, 20 km südwestlich des Zentrums, Tel. 514/394-7377 und 1-800/465-1213. Der 747 Express Bus verbindet den Flughafen rund um die Uhr mit der City.

Bus und Bahn

Die **Société de transport de Montréal** (www.stm.info) betreibt 197 Bus- und vier Metrolinien. Interessant für Besucher sind die Fare cards für 24 h ($ 7) und drei Tage ($ 14) Geltungsdauer, die die Fahrt mit dem Bus 747 vom und zum Flughafen einschließen.

Hotels

*****Hotel Inter-Continental, 360 Rue St-Antoine Ouest, Montréal, Tel. 514/987-9900, http://montreal.intercontinental.com. Architektonisch gelungener Luxus am Rande der Altstadt.

****Auberge du Vieux Port, 97 Rue de la Commune Est, Montréal, Tel. 514/876-0081, www.aubergeduvieuxport.com. Stilvolles Hotel in einem schönen Altbau am alten Hafen. Mit gutem Restaurant.

****Holiday Inn Select Centre Ville, 99 Viger Avenue West, Montréal, Tel. 514/878-9888, www.holiday-inn.com. Die Pagoden auf dem Dach erinnern an die nahe gelegene Chinatown.

****Le Meridien Versailles, 1808 Rue Sherbrooke Ouest, Montréal, Tel. 514/933-8111 und 888/933-8111, www.lemeridienversailleshotel.com. Zentral gelegenes Haus der gehobenen Mittelklasse.

**Hotel de Paris, 901 Rue Sherbrooke East, Montréal, Tel. 514/522-6861, www.hotel-montreal.com. Günstigere Unterkunft in einer alten, stattlichen Villa.

Restaurants

Auberge le Saint-Gabriel, 426 Rue Saint-Gabriel, Montréal, Tel. 514/878-3561. Das älteste Lokal Nordamerikas mit Alkohollizenz (seit 1754) serviert authentische, leicht veredelte Québecer Küche.

Gibby's, 298 Place d'Youville, Montréal, Tel. 514/282-1837. Empfehlenswertes Steakhaus in der Altstadt.

🔺 **TOP TIPP** **Les Trois Petits Bouchons**, 4669 Rue Saint-Denis, Tel. 514/285-4444, Montréal. Fantasievolle saisonbetonte Fisch-, Seafood- und Fleischgerichte, große Weinauswahl.

Schwartz's Delicatessen, 3895 Blvd. St-Laurent, Montréal, Tel. 514/842-4813. Kleines, einfaches Lokal, in dem man hervorragende ›Smoked meat sandwiches‹ essen kann.

Rund um die Uhr lockt Montréals Casino Besucher auf die Île Notre-Dame

15 Trois-Rivières

*Pelze und Papier begründeten
den Wohlstand der Stadt.*

Gut 100 km östlich von Montréal, auf halber Strecke nach Québec City, befindet sich Trois-Rivières (120 000 Einw.). Anders als der Ortsname vermuten lässt, liegt die Stadt nur an einem Fluss, dem Saint-Maurice, der sich jedoch im Mündungsbereich in den St.-Lorenz-Strom in drei Arme teilt. 1634 gegründet, ist Trois-Rivières die zweitälteste Siedlung in Québec. Seinen wirtschaftlichen Aufschwung verdankte der Ort der verkehrstechnisch günstigen Lage – Pelzhandel und Holzwirtschaft waren lange Zeit die ökonomischen Säulen. Noch heute ist die Papier- und Zellstoffindustrie ein wichtiger Erwerbszweig.

Gelungen restauriert präsentiert sich die Altstadt mit ihren Häusern aus dem 18. Jh. Einige von ihnen können besichtigt werden, etwa das **Manoir Boucher-de-Niverville** (168 Rue Bonaventure, Sommer tgl. 10–18, Winter Mo–Fr 10–17, Sa/So

12–17 Uhr). Zu den besonderen Attraktionen zählt der 1697 errichtete **Couvent des Ursulines** in der gleichnamigen Straße. Vom Klostergarten genießt man einen schönen Blick auf den St. Lorenz. Im *Klostermuseum* (März/April Mi–So 13–17, Mai–Nov. Di–So 10–17, Juli/Aug. tgl. 10–17 Uhr) werden alte Bücher, handwerkliche Arbeiten und religiöser Schmuck gezeigt.

ℹ **Praktische Hinweise**

Information

Office du Tourisme, 1457 Rue Notre Dame, Trois-Rivières, Tel. 819/375-11 22

Hotels

***Delta Trois-Rivières**, 1620 Rue Notre Dame, Trois-Rivières, Tel. 819/376-19 91, www.deltahotels.com. Zentral gelegene 150-Zimmer-Herberge mit Pool.

***Hotel Gouverneur**, 975 Rue Hart, Trois-Rivières, Tel. 1-888/910-11 11, www.gouverneur.com. Zentral und doch recht ruhig in der Altstadt gelegenes Haus der gehobenen Mittelklasse.

16 Québec City

*Provinzmetropole mit reichlich
französischem Charme.*

Amerikaner, denen eine Reise nach Europa zu weit, anstrengend oder teuer ist, kommen gerne für ein verlängertes Wochenende nach Québec City. Hier glauben sie all das zu finden, was ›Good Old Europe‹ ausmacht: alte geduckte Steinhäuser, verwinkelte Gassen, Kopfsteinpflaster, Pferdekutschen und sogar eine richtige, gut erhaltene Stadtmauer aus den Jahren 1823–32, die einzige ihrer Art in Nordamerika.

Und in der Tat: Auch der europäische Tourist, der Québec City zum erstenmal besucht, ist angetan von ihrer Ausstrahlung. Seit die UNESCO 1985 die Altstadt auch noch mit dem Rang eines **Weltkulturerbes** adelte, umgibt Québec City endgültig die Aura der Einzigartigkeit. Hier wird die französisch geprägte Lebensart noch gepflegt, hier hat das ursprüngliche Québec zumindest in manchen Winkeln noch überlebt.

Während Montréal in der Provinz den Part der kosmopolitischen Metropole übernommen hat, gibt sich die Halbmillionenstadt Québec City gern als Bewahrerin des frankokanadischen Erbes – rund 95 Prozent der Einwohner sprechen Französisch als Muttersprache. Québec City ist aber auch Industrie- und Verwaltungs- sowie Universitätsstadt – und nicht zuletzt Sitz der Provinzregierung, für die mehrere zehntausend Menschen tätig sind. Politisch ist Québec City eine Hochburg der separatistischen Parti Québecois.

Trotz der langen und strengen Winter verstehen es die Bewohner stets, auch während der kalten Jahreszeit, kräftig zu feiern. Weltberühmt ist der **Karneval**, der seit mehr als 100 Jahren am ersten Donnerstag im Februar mit der Ankunft eines riesigen Schneemannes, des Bonhomme Carnaval, eingeläutet wird. Das fröhliche Treiben dauert zehn Tage, und zu den ›eisigen‹ Vergnügungen wie Eisschnelllauf, Schlittenhunderennen oder dem Bad der besonders Abgehärteten im

Luxushotel und Wahrzeichen: Château Frontenac über der Altstadt von Québec City

war der Platz gut gewählt, da Überraschungsangriffe der Indianer auszuschließen waren. Wenige Jahre später kamen die Franziskaner nach Neufrankreich, um die Ureinwohner zu missionieren. Durch den Pelzhandel, die Entwicklung der Landwirtschaft und einen regen Warenbedarf der Entdecker und Pioniere, die von hier ins Landesinnere aufbrachen, gewann die kleine Siedlung zunehmend an Bedeutung.

Gegen Ende des 17. Jh. wurden nicht mehr so sehr die Indianer als vielmehr die **Engländer** zu einer Bedrohung für Québec. Mehrere Angriffe konnten zunächst erfolgreich abgewehrt werden. Doch 1759 kam es auf den Plaines d'Abraham zur entscheidenden Schlacht, bei der sowohl der französische General Montcalm als auch der englische General Wolfe starben. Durch den **Friedensvertrag von Paris** fiel 1763 Nouvelle France an England, bis 1854 hatte Québec City nun die Funktion einer Verwaltungshauptstadt für ganz Britisch-Nordamerika. 1774 erließ die britische Regierung den **Québec Act**, der der französischen Bevölkerung die kulturelle und religiöse Eigenständigkeit zubilligte.

Nach dem Ausbruch des Amerikanischen Unabhängigkeitskrieges 1776 belagerten **US-Truppen** Québec City. Als jedoch deren General Montmorency fiel, zogen sich die Angreifer zurück. Aus Sorge vor einer weiteren Bedrohung durch den Nachbarn im Süden wurden 1823–32 die Befestigungsanlagen der Stadt weiter ausgebaut – eine erneute Offensive er-

kalten St. Lorenz strömen mehr als eine halbe Million Menschen. Krönender Abschluss der zahlreichen Festivitäten ist ein riesiges Feuerwerk.

Der St. Lorenz verdient in Québec City bereits wirklich den Namen Strom, denn er ist an dieser Stelle gut 800 m breit – der Hafen der Stadt gehört zu den drei größten Kanadas am Atlantik.

Geschichte Jacques Cartier war im September 1535 der erste Europäer, der an der Stelle der heutigen Stadt landete. Damals befand sich dort das Indianerdorf **Stadacona**. Die ansässigen Huronen wurden in den folgenden Jahrzehnten von den Algonquin-Indianern vertrieben. Diese nannten das Mündungsgebiet des St.-Charles-Flusses in den St.-Lorenz-Strom **Kebec**, was übersetzt so viel wie ›Vereinigung der Gewässer‹ heißt.

Im Jahre 1608 errichteten die Franzosen unter Samuel de Champlain auf einem Felsplateau am Zusammenfluss von St. Charles und St. Lorenz ein Fort, das den Namen Québec erhielt. Strategisch

Schon seit 1894 wird beim Carnaval de Québec gefeiert, bis der Schnee schmilzt

folgte allerdings nicht. Wirtschaftlich profitierte die aufstrebende Hafenstadt sowohl von der napoleonischen Kontinentalsperre in Europa als auch von der Ansiedlung englischer Loyalisten. Vor allem die Holz- und Papierindustrie sowie der Schiffbau entwickelten sich im 19. Jh. zu boomenden Branchen. 1867 wurde Québec Hauptstadt der gleichnamigen Provinz. Gegen Ende des Jahrhunderts geriet die Ökonomie der Stadt jedoch in eine schwere Krise: Zum einen zogen die Briten ihre Garnison ab, und mit ihnen verließen viele englischsprachige Bewohner die Stadt, zum anderen verlagerte sich der Schiffbau nach Montréal. Außerdem brach der Weizenhandel zusammen, weil der ›Corn belt‹ der westlichen Provinzen zunehmend wichtiger wurde.

1943 wurde die Stadt für einige Tage auf die politische Weltkarte gesetzt, als sich Franklin Delano Roosevelt, Winston Churchill und Kanadas Premier Mackenzie King in der **Konferenz von Québec** auf die Landung der alliierten Streitkräfte 1944 in der Normandie einigten.

1968 wurde die nationalistische Partei **Parti Québecois** gegründet, die seither in mehreren Referenden erfolglos versucht hat, die Unabhängigkeit der Provinz vom kanadischen Mutterland zu erzwingen.

2008 wurde zum vierhundertsten **Stadtjubiläum** das Champlain-Denkmal restauriert, 2010 wählten die Leser von Condé Nast Traveler Québec zur zweitbesten Destination Amerikas (außer USA).

Québec City ist nicht allzu groß, die meisten Sehenswürdigkeiten sind daher bequem zu Fuß zu erreichen. Sie konzentrieren sich im Wesentlichen auf die Altstadt Vieux Québec, die wiederum in eine Oberstadt (Haute-Ville) und eine Unterstadt (Basse-Ville) aufgegliedert ist. In der Neustadt, die sich außerhalb der Stadtmauer befindet, liegen die meisten Verwaltungsgebäude, Wohnvororte und Industriegebiete.

Vieux Québec – Haute-Ville

Den Rundgang beginnt man am besten beim Hotel **Fairmont Le Château Frontenac** ❶, dem Wahrzeichen der Stadt [s. S. 78]. Ursprünglich befand sich an dieser exponierten Stelle hoch über dem St.-Lorenz-Strom das Château Saint-Louis, in dem die Gouverneure von Neufrankreich residierten. Das nach einem früheren Gouverneur benannte Château Frontenac wurde 1892 als Luxushotel eröffnet. Bis in die 1920er-Jahre wurden mehrere Trakte hinzugefügt, etwa der gewaltige Turm, bis schließlich das heutige imposante Bauwerk entstanden war. Das Haus mit seinen über 600 Zimmern und Suiten gehört zur Fairmont-Hotelkette und hat im Laufe der Zeit viel Prominenz unter seinem Dach beherbergt.

Auf der Rückseite des Château Frontenac erstreckt sich die **Terrasse Dufferin** ❷, von der man einen Panoramablick auf den breiten St.-Lorenz-Strom genießt

und auf die Unterstadt sehen kann. Die aus Holzbohlen bestehende, fast einen halben Kilometer lange Promenade ist ein beliebter Treffpunkt der Einheimischen, im Winter dient sie als Eislauffläche. Ihren Beginn markiert ein Denkmal des Stadtgründers Samuel de Champlain. Am anderen Ende geht sie in die **Promenade des Gouverneurs** ❸ über, einen Spazierweg, der direkt unterhalb der Festungsmauer entlangführt.

Etwa auf halber Höhe der Terrasse gelangt man über einige Treppen auf den von kleinen Häusern und Hotels umstandenen **Jardin des Gouverneurs** ❹, den ein weiteres bemerkenswertes Denkmal schmückt: Hier wird der beiden feindlichen Generäle Montcalm und Wolfe, die bei der Schlacht um Québec im Jahre 1759 getötet wurden, in einem gemeinsamen Monument gedacht.

Oberhalb der Promenade des Gouverneurs, auf dem Cap Diamant rund 100 m über dem St. Lorenz, liegt die sternförmig angelegte **Citadelle** ❺ (www.lacitadelle. qc.ca, April und Okt. tgl. 10–15, Mai–Sept. tgl. 9–17, Nov.–März tgl. eine Tour um 13.30 Uhr). Dieses 1820–50 entstandene massive Befestigungssystem wird noch heute von der kanadischen Armee genutzt. Ein beliebtes Schauspiel bieten die Wachablösungen am Morgen (Ende Juni–Aug. 10 Uhr). Eine weitere Attraktion ist das im ehemaligen Pulverturm eingerichtete Militärmuseum.

Westlich angrenzend erstreckt sich das einstige Schlachtfeld Plaines d'Abraham im **Parc des Champs-de-Bataille** ❻. Dort fand 1759 die entscheidende Konfrontation zwischen englischen und französischen Soldaten statt, die das Schicksal der französischen Kolonien in Nordamerika besiegelte. Heute erinnert beim Anblick von Spaziergängern, Joggern und Kindern jedoch wenig an die Geschichte der weitläufigen Grünanlage.

Über die Promenade des Gouverneurs gelangt man zurück ins Zentrum der Altstadt und zum früheren Paradeplatz, der Place d'Armes vor dem Château Frontenac. Heute beherrschen Straßenmusiker und Künstler die Szenerie. Beinahe an den Pariser Montmartre erinnert die kaum 3 m breite Gasse **Rue du Trésor** ❼, unter deren Markisen Maler ihre Bilder zum Verkauf anbieten.

Dinner mit Aussicht im Restaurant
Le Champlain des Château Frontenac

Reminiszenzen an Frankreich: Place Royale im Quartier du Petit Champlain von Vieux Québec

Unverzichtbar ist ein Besuch im **Musée du Fort** ❽ (www.museedufort.com, Febr./März, Nov. Do–So 11–16, April–Okt. tgl. 10–17 Uhr) an der Ecke Rue Ste-Anne. Dort wird im 1. Stock in einer liebevoll gestalteten Multivisionsschau die Stadtgeschichte effektvoll nacherzählt.

Auf der Westseite der Place d'Armes, an der Rue Ste-Anne, erhebt sich die **Cathédrale Anglicane** ❾ (Juni–Sept. tgl. 8–18, sonst 8–16 Uhr), die erste anglikanische Kirche außerhalb von Großbritannien. Das im August 1804 geweihte Gotteshaus war außerdem das erste kanadische Gebäude im palladianischen Stil.

Vis-à-vis liegt das **Musée de Cire** ❿ (Mai–Okt. tgl. 9–21.30, Nov.–April tgl. 9–17 Uhr), ein Wachsfigurenkabinett, das in einem Haus aus dem 17. Jh. eingerichtet wurde. Hier werden wichtige historische und zeitgenössische Persönlichkeiten aus der Provinz Québec präsentiert.

Hinter dem Museum, in der Rue Buade, erhebt sich die **Basilique-Cathédrale Notre-Dame** ⓫, die aus einer 1633 von Samuel de Champlain errichteten Kapelle hervorgegangen ist. Eine Besichtigung des Innenraums mit seinen schönen Glasfenstern und einem prächtigen Altar sollte man nicht versäumen.

Durch ein schmiedeeisernes Portal neben der Basilique-Cathédrale gelangt man zum **Séminaire** ⓬, das 1663 von Bischof Laval gegründet wurde. Aus diesem Priesterkolleg entwickelte sich Anfang des 19. Jh. die Université Laval, die bis zur Eröffnung des Sainte-Foy Campus 1950 hier untergebracht war. In den alten Seminargebäuden befinden sich die Universitätsbibliothek sowie eine Gemäldesammlung.

Durch belebte Gassen, deren Cafés und Restaurants zu einer Pause einladen, oder auf der Rue des Remparts entlang der Stadtmauer gelangt man zum **Hôtel Dieu de Québec** ⓭, dem 1644 errichteten ältesten Krankenhaus Nordamerikas. Das zu einem Augustinerinnen-Kloster gehörende Hospital ist bis heute in Betrieb und Teil der Universitätsklinik.

Vieux Québec – Basse-Ville

In die Unterstadt des alten Teils von Québec City gelangt man entweder von der Terrasse Dufferin schnell und bequem mit einer kleinen Bahn, der *Funicular*, oder zu Fuß über eine Treppe von der Place d'Armes sowie über die Côte de la Montagne.

Zentrum der Basse-Ville ist die **Place Royale** ⓮, an der sich 1608 die ersten französischen Einwanderer angesiedelt hatten. Nachdem die Händler und Kaufleute zu Geld gekommen waren, bauten sie schmucke Wohnhäuser, deren restaurierte Fassaden noch heute von dem einstigen kolonialen Wohlstand künden. ›Königlich‹ heißt der Platz deshalb, weil Ende des 17. Jh. eine Büste zu Ehren von König Ludwig XIV. hier aufgestellt wurde. Die aus dem Jahr 1688 stammende kleine Kirche an dem ehemaligen Marktplatz verdankt ihren Namen **Notre-Dame-des-Victoires** **15** dagegen zwei siegreichen Schlachten gegen die Briten. 1759 brannte sie bei der Eroberung durch die Engländer ab, wurde später aber nach Originalplänen wiederhergestellt.

Nur wenige Schritte entfernt, in der Rue du Marché-Champlain, befindet sich das **Maison Chevalier** **16** (Juli/Aug. tgl.

9.30–17, sonst Di–So 10–17 Uhr). Das Haus aus dem Jahr 1752 gehört zum Musée de la Civilisation und präsentiert wechselnde Ausstellungen.

Nicht entgehen lassen sollte man sich am Nachmittag oder Abend die Atmosphäre rund um die **Rue du Petit-Champlain** **17**. Musiker, Maler und Lebenskünstler aller Art treffen auf flanierende Touristen, die sich durch die engen Gassen schieben, in den kleinen Galerien nach Inuit-Kunst Ausschau halten oder in einem der zahlreichen Cafés einen Espresso trinken.

Über die Rue Dalhousie, die einen schönen Blick hinauf zum Château Frontenac bietet, erreicht man das **Musée de**

la Civilisation 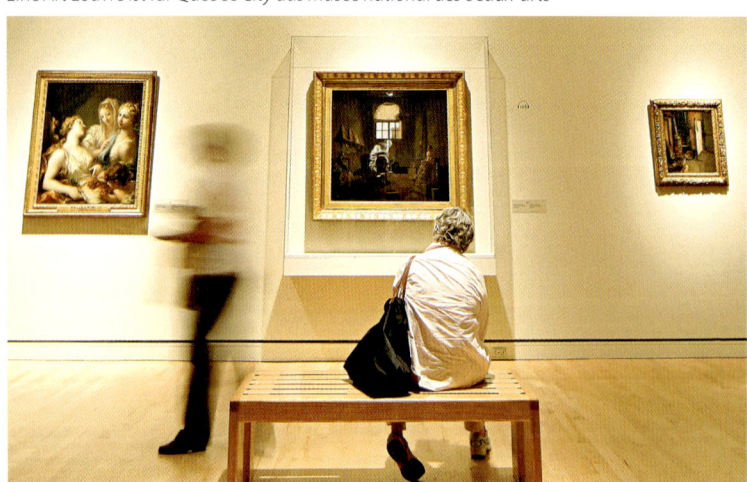 (www.mcq.org, Juli/Aug. tgl. 9.30–18.30, sonst Di–So 10–17 Uhr), das die architektonische Handschrift von Moshe Safdie trägt. In dem sehenswerten Museum werden die Geschichte und Kultur Québecs mit modernen Mitteln eindrucksvoll dargestellt.

Jenseits der Rue St-André beginnt der **Vieux-Port** ⑲, der alte Hafen, der im 18. und 19. Jh. einen wichtigen Beitrag zur Wirtschaft der Stadt leistete. Hier wurden Segelschiffe gebaut, auch für den europäischen Markt. Als Eisen und Stahl Holz als bevorzugtes Baumaterial jedoch ablösten, sank seine Bedeutung rapide. Heute ziehen die in den vergangenen Jahren restaurierten Hafenanlagen viele Besucher an. Wer Näheres über den Hafen und den Schiffbau erfahren möchte, ist im *Centre d'Interprétation* in der Rue St-André gut aufgehoben.

Von der Place d'Armes führt die Rue St-Louis in südwestlicher Richtung in die Neustadt. Schon bald sieht man den riesigen Komplex des **Monastère des Ursulines** ⑳, in dem 1759 der französische General Montcalm beigesetzt wurde. Durch die **Porte Saint-Louis** ㉑ schließlich verlässt man die Altstadt.

Außerhalb der Stadtmauern

Unmittelbar hinter dem Tor beginnt die **Grande-Allée** ㉒. Diese großbürgerliche Straße ist eine der prächtigsten in Québec City. Vornehme Häuser im viktorianischen Stil reihen sich aneinander, zahlreiche Cafés und Restaurants sorgen bis spät in den Abend hinein für viel Leben.

Rechter Hand erhebt sich das wuchtige **Hôtel du Parlement** ㉓ (www.assnat.qc.ca, Juli/Aug. Mo–Fr 9–16.30, Sa/So 10–16.30, sonst Mo–Fr 9–16.30 Uhr), auf dessen hohem Turm in der Mitte trotzig die blau-weiße Fahne der Provinz Québec weht. Im Inneren des 1887 entstandenen schlossartigen Gebäudes werden Führungen durch den Saal der Nationalversammlung und den Saal der Legislative angeboten.

Der Grande-Allée stadtauswärts folgend erreicht man nach rund 2 km den Parc des Champs-de-Bataille. Hier liegen die drei Gebäude des **Musée national des beaux-arts du Québec** ㉔ (www.mnba.qc.ca, Juni–Aug. tgl. 10–18, sonst Di–So 10–17 Uhr) mit seiner Sammlung ›Art Inuit‹. Ansonsten präsentiert das Museum neben Künstlern der Provinz Québec vom 17. Jh. bis zur Gegenwart auch internationale Ausstellungen.

Im Stadtteil Sainte-Foie, in dem sich auch der moderne Campus der Universität Laval befindet, lohnt das **Aquarium du Québec** ㉕ (Avenue des Hôtels, www.sepaq.com, Juni-Aug. tgl. 10–17, sonst tgl. 10–16 Uhr) einen Besuch. Mit rund 10 000 Fischen, Reptilien und sogar einigen Eisbären zählt es zu den größten in Kanada.

Ausflüge

Nicht weit entfernt von der Stadt liegt inmitten des St.-Lorenz-Stroms die Île d'Orléans, eine etwa 35 km lange und 8 km breite Insel, die Jacques Cartier wegen ihrer Fruchtbarkeit die Bacchusinsel nannte. Später wurde sie zu Ehren des

Eine Art Louvre ist für Québec City das Musee national des beaux-arts

Majestätische Gewalt: Die Montmorency Falls stürzen 83 m in die Tiefe

Herzogs von Orléans umgetauft. Wenn man heute die Insel besucht, hat man den Eindruck, die Zeit sei hier stehen geblieben. Schicke Wochenendhäuser reicher Städter finden sich hier ebenso wie alte Bauernhäuser.

Etwa 10 km nördlich von Québec City wartet ein Naturschauspiel der besonderen Art auf den Besucher. Schon von weitem hört man das gewaltige Dröhnen der **Montmorency Falls**. Hier stürzen sich die Wassermassen über eine Felskante 83 m in die Tiefe. Sie haben damit eine größere Fallhöhe als die Niagara Falls. Mit einer Seilbahn kann man vom Informationszentrum in wenigen Minuten auf das Plateau fahren und, über eine schmale Hängebrücke balancierend, wenige Meter über der Kante in die tosende Gischt blicken. Um die Wasserfälle herum hat man einen Park angelegt, in dem sich das Manoir Montmorency befindet, das Ende des 18. Jh. das Haus des Herzogs von Kent war. Auf der ande-

Von seiner schönsten Seite zeigt sich ein Finnwal im Saguenay River

ren Seite der Hängebrücke wurden Holztreppen in den Hang gebaut. Von dort hat man eine besonders gute Sicht auf das Wasser. Im Juli/August findet auf dem Gelände ein Internationales Feuerwerkspektakel statt. Ein einzigartiges Erlebnis bieten die Fälle auch im Winter: Dann gefrieren die beachtlichen Wassermassen zu bizarren Eisformationen.

ℹ Praktische Hinweise

Information
Tourist Information Center Vieux Québec, 835 Avenue Wilfrid-Laurier, Québec City, Tel. 418/641-62 90, www.quebec region.com

Hotels
*****Fairmont Le Château Frontenac, 1 Rue des Carrières, Québec City, Tel. 418/692-38 61, www.fairmont.de/ frontenac. Unangefochten die Nummer eins unter den Hotels der Stadt. Die luxuriöse Unterkunft ist das meist fotografierte Hotel der Welt.

****Hilton Québec, 1100 Blvd. René Lévesque Est, Québec City, Tel. 418/ 647-24 11, www.hiltonquebec.com. Modernes Haus mit allem Komfort in schöner Lage.

****Le Clarendon, 57 Rue Ste-Anne, Québec City, Tel. 418/692-24 80, www. hotelclarendon.com. Stilvolles Hotel der

Wale in Sicht
Die günstigste Zeit, um die zahlreichen Walarten vor der Küste von Tadoussac zu beobachten, sind die Monate Juni bis August, wenn die gigantischen Säuger mit ihren Kälbern nordwärts in ihr arktisches Sommerquartier ziehen.

Mit etwas Glück sieht man dabei auch **Blauwale**, die mit bis über 30 m Länge und bis 130 t Gewicht größten ihrer Art und zugleich größten aller Tiere. Wegen ihrer graugelben Tupfen haben sie auch den Spitznamen ›Schwefelbauch‹.

Einen überwältigenden Anblick bieten außerdem die **Buckelwale**, die sich trotz ihres Gewichts von rund 30 t überraschend elegant und behende durch die Fluten bewegen. Ein unvergessliches Erlebnis ist es, wenn einer der Riesen in der Nähe eines Ausflugsschiffs auftaucht und mit ohrenbetäubendem Getöse einen Sprühregen über das Boot bläst.

Die **Finnwale**, die mit bis 25 m Länge und rund 40 t Gewicht ebenfalls zu den größeren Meeressäugern zählen, bleiben gewöhnlich weiter draußen in tieferem Wasser. Eines ihrer Charakteristika ist die Färbung: Die linke Seite des Kopfes und der Barten ist schwarz, die rechte Seite aber weiß.

gehobenen Mittelklasse, zentral in der Altstadt gelegen.

Hôtel de Glace, 9300, rue de la Faune, Québec City, Tel. 418/623-2888, www. icehotel-canada.com. Von Januar bis März schlafen Gäste in igluartigen Zimmern oder Suiten aus künstlerisch bearbeiteten Eisblöcken. Mit Jacuzzis unter freiem Himmel und Sauna zum Aufwärmen.

Restaurants

Aux Anciens Canadiens, 34 Rue St-Louis, Québec City, Tel. 418/692-16 27. Der Klassiker: Im ältesten Haus der Stadt (1675) wird authentische Québecer Küche ›wie bei Muttern‹ aufgetischt.

Crêperie Le Petit Château, 5 Rue St-Louis, Québec City, Tel. 418/694-16 16. Crêpes, wie sie auch in der Bretagne nicht besser sein könnten.

Gambrinus, 15 Rue du Fort, Québec City, Tel. 418/692-51 44. Französische und italienische Küche mit königlichem Blick auf das Château Frontenac.

Le Saint-Amour, 48 Rue Saint-Ursule, Québec City, Tel. 418/694-06 67. Gourmetrestaurant im Herzen der Altstadt.

Pub St-Alexandre, 1087 Rue St-Jean, Québec City, Tel. 418/694-00 15. Englisches Pub mit Dutzenden von Biersorten und rustikaler Küche.

17   Tadoussac

Walbeobachter kommen hier voll auf ihre Kosten.

Am nördlichen Ufer des St.-Lorenz-Stroms, an der Mündung des fjordartigen Flusses Saguenay, liegt das Städtchen Tadoussac, das sich hervorragend als Ausgangspunkt für **Whale-Watching-Touren** eignet. Der Saguenay, an dieser Stelle mehrere Kilometer breit und 250 m tief, zieht in seine nährstoffreichen Gewässer vor allem Buckel-, Finn- und Blauwale, die man im Sommer von den Ausflugsschiffen oft hautnah beobachten kann, wenn sie an der Oberfläche auftauchen und nach einigen kühnen Beispielen ihrer Schwimmkunst wieder in der Tiefe verschwinden. Die Bootsbegleiter informieren ausführlich über die verschiedenen Walarten.

i   Praktische Hinweise

Walbeobachtung

Croisières AML, 161 Rue des Pionniers, Tadoussac, Tel. 418/235-22 22

Groupe Dufour Cruises, Shuttle ab Hotel Tadoussac, Tadoussac, Tel. 418/692-02 22

Reservierung wird jeweils empfohlen!

Hotel

****Hotel Tadoussac,** 165 Rue Bord de l'Eau, Tadoussac, Tel. 418/235-44 21, www. hoteltadoussac.com. Das von Mai bis Mitte Oktober geöffnete Hotel bietet einen herrlichen Blick über den St. Lorenz. Mit seinem kräftig roten Dach ist es der Blickfang des Ortes und spielte 1984 die Titelrolle im Film ›Hotel New Hampshire‹.

18   Gaspésie

Einsame Halbinsel und raue Landschaft.

Der Highway 132 führt am südlichen Ufer des St. Lorenz Richtung Rimouskie und weiter nach Gaspé. Auch dieses Wort entstammt der Indianersprache und bedeutet so viel wie ›das Ende der Welt‹. Die Halbinsel ist rau, die Küste im Norden schroff und zudem die Zahl der Bewohner äußerst gering.

Filmlocation und Wahrzeichen der gleichnamigen Bucht – das Hotel Tadoussac

Wer die Einsamkeit liebt und Natur pur erleben will, der ist hier genau richtig. Doch sollte man sich frühestens Mitte Mai mit dem Wagen auf den Weg machen. Denn vorher kann es durchaus passieren, dass man in einer meterhohen Schneeverwehung steckenbleibt.

Jacques Cartier umsegelte die Halbinsel 1534 zum erstenmal und nahm sie für seinen König in Besitz. In den folgenden Jahrhunderten siedelte sich in der unwegsamen Landschaft ein buntes Völkergemisch aus Basken und Bretonen, Engländern und Akadiern an.

Die meisten Ortschaften liegen noch heute an der Südseite des St. Lorenz, an der die Kolonisation dieses Landstrichs ihren Ursprung hatte. Ein hübscher kleiner Flecken ist **St-Jean-Port-Joli**, das als Zentrum Québecer Holzschnitzer-Tradition bekannt ist. Dort kann man günstig die Produkte der Künstler und Handwerker erstehen, denen man auch bei der Arbeit zuschauen darf. **Rivière-du-Loup** und **Trois-Pistoles** sind ebenfalls schmucke kleine Städtchen, die bereits im 17. Jh. auf der Landkarte standen. Am Strand von **Sainte-Flavie** haben zeitgenössische Künstler lebensgroße Skulpturen von Menschen installiert.

In Ste-Anne-des-Monts zweigt eine Straße ins Landesinnere ab. Man erreicht südlich des Ortes den **Parc de la Gaspésie**, der zu Wander-, Kanu- oder im Winter zu Skitouren einlädt. Mit etwas Glück sind dabei auch Großtiere wie Karibus, Elche und Rehe zu beobachten. Markanter Blickpunkt ist mit seinen 1300 m Höhe der Mont Jacques Cartier.

Der Küstenstraße Richtung Osten folgend kommt man nach **Cap-des-Rosiers**, wo der St. Lorenz in den Atlantischen Ozean mündet. An dieser Stelle ist der Fluss gigantische 170 km breit.

Größter Ort und mit seinem tiefen Naturhafen, in dem selbst Ozeandampfer vor Anker gehen können, das Wirtschaftszentrum der Halbinsel ist die Stadt **Gaspé** (20 000 Einw.). An die Landung Jacques Cartiers 1534, der hier erstmals nordamerikanischen Boden betrat, erinnert ein großes Kreuz in Hafennähe. Das

Wind und Wasser formten den riesigen Rocher Percé vor dem gleichnamigen Dorf

und steil abfallende Klippen dominieren die Landschaft. Schwarzbären, Elche und Biber finden sich in den Bergen, Wale und Seehunde werden vor allem im Herbst an der Küste gesichtet.

Am südlichen Ende der Gaspé-Halbinsel, das landschaftlich lieblicher und weniger schroff als der Norden ist, liegt der Ferienort **Bonaventure**. Das Dorf verdankt seinen Namen dem Schiff eines französischen Seefahrers, der 1591 die Bucht erkundete. Anziehungspunkte sind vor allem der an Lachsen reiche Fluss und das kleine *Musée Acadien du Québec* (95 Avenue Port-Royal, www.museeacadien. com, tgl. 9–18 Uhr). Anhand von Häusermodellen im Maßstab 1:12 zeigt es das architektonische Erbe des Ortes.

ℹ️ Praktische Hinweise

Information

Maison régionale du Tourisme de Mont-Joli, 1020 Boulevard Jacques--Cartier, Mont-Joli, Tel. 418/775-22 23, www.tourisme-gaspesie.com

Camping

Parc de la Gaspésie, Tel. 418/763-74 94

Parc National Forillon, Tel. 1-877/737-37 83

Die Plätze in den Parks sind jeweils Juni–Sept. geöffnet.

Hotels

****Hotel La Normandie**, 221 Route 132 Ouest, Percé, Tel. 418/782-21 12, www.normandieperce.com. An der Küste gelegenes Haus mit Blick auf den Rocher Percé.

***Hotel des Commandants**, 178 Rue de la Reine, Gaspé, Tel. 418/368-33 55, www.hoteldescommandants.com. Moderne Zimmer mit schöner Aussicht auf die Bucht.

Restaurants

L'Ancêtre, 55 Blvd. de York Est, Gaspé, Tel. 418/368-43 58. Meeresfrüchte-Restaurant im Landhausstil mit Außenterrasse und schönem Blick auf den Ort.

Le Bourlingueur, 39 Montee De Sandy Beach, Gaspé, Tel. 418/368-43 23. Fisch, Meeresfrüchte und chinesische Küche in nettem Kleinstadt-Ambiente.

örtliche **Musée de la Gaspésie** (Juni–Okt. tgl. 9–17, sonst Mo–Fr 9–12 und 13–17, Sa 13–17 Uhr) informiert über das Leben Cartiers und anderer Entdecker.

TOP TIPP Die Hauptattraktion für Besucher ist jedoch das Fischerdorf **Percé** mit dem Felsen Rocher Percé – ein gewaltiger Block von fast 440 m Länge und 90 m Höhe, in den Wind und Wetter im Laufe der Zeit ein Felstor gegraben haben. Über einen schmalen Kiesstreifen kann man bei Ebbe zu dem Kalkstein-Klotz hinübergehen. Einen der schönsten Blicke über den Ort, die Bucht und den Rocher Percé genießt man vom Mont Sainte-Anne, einem heiligen Berg der Micmac-Indianer.

Vom Hafen aus fahren regelmäßig Boote zur Vogelschutzinsel **Île Bonaventure**. Dort kann man auf markierten Wanderwegen riesige Vogelkolonien erkunden.

Ein weiteres Naturerlebnis bietet der nahe gelegene **Forillon National Park**. Das 240 km² große Areal weist die typische Vegetation und Morphologie des atlantischen Kanada auf. Große Wälder

New Brunswick – die unbekannte Provinz mit grandioser Natur

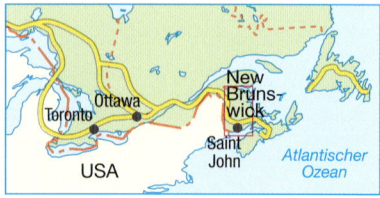

New Brunswick hat seinen Besuchern einiges zu bieten: das spektakuläre Naturschauspiel an der **Bay of Fundy** etwa oder einige der besten Lachsflüsse der Welt wie den Miramichi. Daneben vermitteln Freilichtmuseen wie in **Kings Landing** oder **Caraquet** ein Bild vom Alltag der frühen Siedler aus dem alten Europa. Viele kamen aus Frankreich, sodass heute etwa ein Drittel der Bevölkerung bevorzugt Französisch parliert.

Bei einer Fläche von fast 75 000 km^2 und 750 000 Einwohnern ist die Provinz dünn besiedelt und zu vier Fünfteln von Wald bestanden. Die meisten Städte, so auch die Kapitale **Fredericton**, liegen am Meer. Die Region um **Northumberland** ist dicht bewaldet und von zahlreichen Flüssen und Seen durchzogen. Und an der Küste lohnen zwei *Provinz- und Nationalparks* einen Besuch: der **Fundy National Park** und der **Kouchibouguac National Park**.

19 Fredericton

*Charmante Kleinstadt mit
akadischen Wurzeln.*

Die sehr übersichtlich angelegte Hauptstadt – auch Universitäts- und Bischofssitz – am Saint John River mit ihren eleganten Häusern und reichem Baumbestand hat gerade einmal 50 000 Einwohner. Gegründet wurde sie 1732 als Siedlung der Akadier, um 1770 kamen die ersten englischen Loyalisten aus Amerika und nannten sie nach einem Sohn von King George III. Frederickstown. 15 Jahre später wurde der Ort zur Provinzhauptstadt erklärt.

Untrennbar verbunden mit der neueren Geschichte von Fredericton ist William Maxwell Aitken, Lord Beaverbrook. Der Verleger und Politiker hat mit seinen großzügigen Geschenken an die Stadt entscheidend zu ihrer Bedeutung als

kulturelles Zentrum der Region beigetragen. Eine der wichtigsten Hinterlassenschaften Aitkens ist die 1959 von ihm gegründete **Beaverbrook Art Gallery** (703 Queen Street, www.beaverbrookartgallery. org, Mo–Mi/Fr/Sa 9–17.30, Do 9–21, So 12–17.30 Uhr, Mitte Okt.–Mai Mo geschlossen). Man ist überrascht, eine so ausgesuchte Sammlung in der kanadischen Provinz vorzufinden. Gemälde von Dalí und Delacroix, Botticelli und Turner sowie Werke der Group of Seven [s. S. 44] sind in den Ausstellungsräumen zu bewundern.

Der kanadische Lord begegnet dem Besucher erneut bei einem Spaziergang über die Promenade **The Green**, die über mehrere Kilometer am Saint John River entlangführt. Dort steht ein von ihm gestifteter marmorner Brunnen. Auf der Höhe der Queen Street trifft man auf das *Lighthouse on the Green*, einen Leuchtturm mit Ausblick, Ausstellungen und Gastronomie.

Das Parlamentsgebäude **Legislative Assembly Building** an der Ecke Queen/ Saint John Street vis-à-vis der Art Gallery wurde 1882 aus Sandstein erbaut. Sein Mansardendach, die Kuppel und die Ecktürme machen es zu einer äußerst imposanten Erscheinung.

Eine Querstraße weiter, an der Church Street, steht die anglikanische **Christ Church Cathedral** (Juli–Sept. Mo–Fr 9–18, Sa 10–18, So 13–17, Okt.–Juni Mo–Fr 9–16.30, Sa 9–16, So 13–17 Uhr) von 1853. Sie ist Bischofssitz und besitzt im Inneren sehenswerte Glasmalereien.

In der nahen Brunswick Street wurde das Gefängnis Old County Jail 1999 in ein interaktives **Science Centre** (www.science east.nb.ca, Juni–Aug. Mo–Sa 10–17, So 12–16, Sept.–Mai Mo–Fr 12–17, Sa 10–17 Uhr) umgewandelt. Besucher können dort bei 150 Experimenten selbst Hand anlegen.

Auf der Queen Street stadteinwärts passiert man kurz hinter der Art Gallery an der St. John Street das vom Mäzen der Stadt gestiftete **Playhouse Theatre** sowie schräg gegenüber das noble Hotel **Crowne Plaza Lord Beaverbrook** und erreicht rechts das **York Sunbury Museum** (www.yorksunburymuseum.com, April–Juni und Sept.–Nov. Di–Sa 13–16, Juli–Sept. Mo–Sa 10–17, So 12–17 Uhr). Es dokumentiert die Geschichte der Region seit der Zeit der indianischen Ureinwohner.

Legislative Assembly Building in Fredericton: Hier tagt das Parlament der kleinen Atlantikprovinz New Brunswick

›Living history‹: Küchendienst im Jones House, das zum Freilichtmuseum Kings Landing nahe Fredericton gehört

Ausflüge

Wer ausreichend Zeit hat, sollte die Stadt Richtung Westen verlassen und über den Highway 2 nach **Kings Landing** fahren. Nach gut 30 km erreicht man das historische *Freilichtmuseum* (www.kingslanding.nb.ca, Mitte Juni–Mitte Okt. tgl. 10–17 Uhr) am Saint John River. Wie in vielen anderen Museen dieser Art spielen Laiendarsteller das Leben der Siedler im 18. und 19. Jh. nach.

Eine Autostunde nördlich von Fredericton erwarten passionierte Angler am **Miramichi River** reiche Fischgründe. Der Fluss, der bei der gleichnamigen Ortschaft in den St. Lorenz mündet, gilt unter Kennern als einer der weltweit besten Lachsgründe (Atlantic Salmon). Selbst Ungeübte werden am Miramichi River schnell zu einem Erfolgserlebnis kommen – jedes Jahr machen Rekordfänge die Runde, bei denen Prachtexemplare von bis zu 50 Pfund aus dem Wasser gezogen werden. Daneben ist der Miramichi auch Heimat für Flussbarsche und Forellen. In der Nähe der Quelle bei Boiestown kann man sich im weithin bekannten *McCloskey's General Store* mit der nötigen Ausrüstung versorgen. Wer nach dem ›praktischen Teil‹ sein Wissen über den Lachs vertiefen möchte, ist im Miramichi Atlantic Salmon Museum (Mitte April–Mitte Okt. Mo–Sa 9–17, Juli/Aug. tgl. 9–17 Uhr) in Doaktown bestens aufgehoben.

ℹ Praktische Hinweise

Information

Tourist Office, 11 Carleton Street, Fredericton, Tel. 506/460-20 41, www.tourismfredericton.ca

Hotels

****Delta Hotel**, 225 Woodstock Road, Fredericton, Tel. 506/457-70 00, www.deltahotels.com. Das Hotel am Ufer des Saint John River hat eine eigene Bootsanlegestelle.

***Crowne Plaza Lord Beaverbrook**, 659 Queen Street, Fredericton, Tel. 1-877/579-76 66, www.cpfredericton.com. Zentral gelegenes Hotel mit stilvoll eingerichteten Zimmern, Fitness-Center und Pool.

Restaurants

The Terrace Room, 659 Queen Street, Fredericton, Tel. 506/455-33 71. Das Restaurant des Hotel Crowne Plaza Lord Beaverbrook ist stadtbekannt für seine exzellente Seafood-Küche.

The Dip Pool Bar, 335 Woodstock Road, Fredericton, Tel. 506/457-70 00. Steaks und Fisch sind hier gleichermaßen ein Genuss.

20 Saint John

Größte Stadt der Provinz mit einem der wenigen ganzjährig eisfreien Häfen Kanadas.

Von Fredericton erreicht man über den Highway 7 in anderthalb Stunden Fahrt nach Süden Saint John. Die 90 000-Einwohner-Stadt an der Mündung des Saint John River in die Bay of Fundy ist die größte der Provinz und besitzt wie Halifax und St. John's einen ganzjährig eisfreien Hafen. Ihre Anfänge liegen in der Mitte des 17. Jh., als Charles de la Tour hier die erste feste Ansiedlung gründete. Einen herben Rückschlag erlitt die Stadt am 20. Juni 1877, als ein verheerender Großbrand ganze Viertel in Schutt und Asche legte. Heute ist Saint John ein wichtiger Industriestandort.

Die **Reversing Falls** am Saint John River kurz vor dessen Mündung in die Bay of Fundy sind die Hauptattraktion der Stadt. Dieses auf der Welt einzigartige Phänomen eines rückwärts strömenden Flusses entsteht durch einen Tidenhub von rund 15 m in der Fundy-Bucht. Wenn die Flut den Wasserstand in der Bay höher steigen lässt als den des Saint John River, ergießt sich das Meerwasser in den Fluss, der dann mit gewaltiger Kraft rück-

wärts gedrängt wird. Bei einsetzender Ebbe ändert der Saint John River wieder seine Fließrichtung und strömt von neuem dem Atlantik entgegen. Am besten lässt sich dieses viermal täglich stattfindende Naturereignis vom *Fallsview Park* direkt am Highway 100 beobachten.

Ein guter Ausgangspunkt für einen Rundgang durch die Innenstadt ist der **Market Square** am Hafen. Zu dem in den 1980er-Jahren errichteten Komplex gehören eine überdachte Shopping Mall mit Boutiquen und Cafés, Apartmenthäuser, restaurierte Lagerhallen sowie das sehenswerte **New Brunswick Museum** (www.nbm-mnb.ca, Mo–Mi/Fr 9–17, Do 9–21, Sa 10–17, So 12–17 Uhr, Nov.–Mitte Mai Mo geschlossen). Das Ende des 18. Jh. gegründete Museum zählt zu den ältesten in Kanada. Zu den Schwerpunkten der Sammlung gehören die Geschichte der Provinz und indianische Kunst. Hauptattraktionen sind die riesigen Walskelette.

Ganz in der Nähe, Ecke Union/Germain Street, duckt sich das 1810 aus Kiefernholz erbaute **Loyalist House** (Tel. 506/652-35 90, Mitte Mai–Juni Mo–Fr 10–17, Juli–Mitte Sept. tgl. 10–17 Uhr, sonst nach Vereinbarung) direkt vor einem modernen Hochhaus. Das Gebäude mit seiner Schindel-Verkleidung an Süd- und Westseite und sehenswerter Inneneinrichtung

Viermal täglich ändert der Saint John River mit den Gezeiten seine Fließrichtung

wurde als eines der wenigen von dem großen Stadtbrand 1877 verschont.

Nur einen Block entfernt, in der Charlotte Street, lohnt der **Old City Market** (www.sjcitymarket.ca, Mo–Fr 7.30–18, Sa bis 17 Uhr) mit seinem bunten Treiben einen Besuch. Die seit rund 120 Jahren bestehende Markthalle bietet neben Obst und Gemüse auch frische Meeresfrüchte.

ℹ Praktische Hinweise

Information

Tourism Saint John, 15 Market Square, Saint John, Tel. 506/658-29 90, www.tourismsaintjohn.com

Das Obst frisch, das Ambiente historisch: Old City Market in Saint John

Hotels

****Hilton Saint John**, 1 Market
Square, Saint John, Tel. 506/693-84 84,
www.hilton.com. Bestes Haus am Platz
mit allem Komfort eines großen Ketten-
hotels.

***Holiday Inn Express Harbour Side**,
400 Main Street, Saint John, Tel. 506/642-
26 22, www.hiexpress.com. Hotel mit
zweckmäßig eingerichteten Zimmern,
Fitness-Center und Pool.

Restaurants

Reggie's, 26 Germain Street, Saint John,
Tel. 506/657-62 70. Bekannt für gute Clam
Chowder.

Turn of the Tide, im Hilton Saint John,
1 Market Square, Saint John, Tel. 506/
632-85 64. Nobles Restaurant mit ausge-
zeichneter Küche. Hafen-Panoramablick.

21 St. Andrews

*Zweitwohnsitz wohlhabender
Kanadier und Amerikaner.*

Fährt man von Saint John über den Highway 1 der Küste entlang nach Westen,
erreicht man den an der Passamaquoddy
Bay gelegenen Ferienort St. Andrews. Im
19. Jh. erkoren reiche Kanadier und US-
Amerikaner – die Grenze ist nur wenige
Kilometer entfernt – den 1783 von englischen Loyalisten gegründeten Ort zu
ihrem Sommersitz und bauten sich
standesgemäße viktorianische Villen.

Neben dem beschaulich eleganten
Zentrum lohnt das **Huntsman Marine
Aquarium Museum** (www.huntsman
marine.ca, Mitte Ende Mai–Anfang Sept.
tgl. 10–17 Uhr) 2 km westlich des Zentrums einen Besuch. Ein Rundgang gibt
interessante Einblicke in die Geschichte
und Technik des Fischfangs sowie in die
Unterwasserwelt der Bay of Fundy.

ℹ Praktische Hinweise

Hotels

****The Fairmont Algonquin**,
184 Adolphus Street, St. Andrews,
Tel. 506/529-88 23, www.fairmont.com.
Schickes Resorthotel aus dem Jahr 1889
mit vielfältigem Sportangebot.

*** Tara Manor Inn**, 559 Mowat Drive,
St. Andrews, Tel. 506/529-33 04, www.
taramanor.ca. Historisches Haus mit 28
geschmackvoll eingerichteten Zimmern.

*Bay of Fundy, vor der Flut – Stunden später
ragen nur noch die Bäume aus dem Wasser*

22 Fundy National Park

 *Steile Klippen, tiefe Schluchten
und dichte Wälder.*

Der 1948 gegründete Nationalpark, der
sich über eine Fläche von 206 km^2 an der
Bay of Fundy erstreckt, zählt zu den populärsten Ausflugszielen der Region. Beein-
druckend ist vor allem das Schauspiel des
Gezeitenwechsels, der die Küstenland-
schaft innerhalb kurzer Zeit völlig verändert. Dieser größte Tidenhub der Welt hat
teils bizarre Formen aus den Sandsteinklippen herausgewaschen, die zuweilen
bis zu 60 m senkrecht in die Bay of Fundy
abfallen.

Das bewaldete Innere des Parks, das
durch ein Netz von **Wanderwegen** er-
schlossen ist, wird von fischreichen, teils
tief in die Landschaft gegrabenen Flüssen durchzogen. Hier lassen sich mit etwas Glück und Geduld auch Elche, Biber,
Hirsche und Kojoten beobachten.

ℹ Praktische Hinweise

Information

Visitor Centre, Parkeingang bei Alma,
Tel. 506/887-60 00, www.pc.gc.ca, Mitte
Mai–Mitte Okt. tgl. 8.30–16.15, Juli/Aug.
tgl. 8–21.45 Uhr. Informationen zu Hiking-
Touren, Angel- und Campingmöglich-
keiten etc.

Cape D´Or – bis zu 60 m hoch sind die Steilküsten an der Bay of Fundy

23 Moncton

Der Gezeitenwechsel und ein magnetischer Hügel sind die Attraktionen der Stadt.

Ungefähr 100 km nordöstlich von Saint John liegt Moncton, die mit 65 000 Einwohnern zweitgrößte Stadt der Provinz. Ihre Gründung geht auf Akadier, deutsche Einwanderer und englische Loyalisten zurück, benannt ist sie nach dem englischen Offizier Robert Moncton, der das bereits im 17. Jh. an dieser Stelle bestehende Fort Beausejour im Jahr 1755 eingenommen hatte.

Auch hier lässt sich das eindrucksvolle Szenario des starken **Gezeitenwechsels** gut beobachten. Erreicht man Moncton bei Ebbe, ist der Petitcodiac River, an dessen Ufern sich das Städtchen erstreckt, nicht mehr als ein bescheidenes Rinnsal. Wenn die Flut einsetzt, schwillt der Fluss binnen kurzer Zeit zu einem mächtigen Strom an. Neben diesem Naturschauspiel, das man am besten vom **Boreview Park** (Parc du Mascaret) in der Ortsmitte verfolgen kann, gilt der **Magnetic Hill** als zweite Attraktion. Auf diesem Hügel rund 10 km nordöstlich vom Zentrum (Hwy 2, Exit 488 A/B) scheinen Autos im Leerlauf selbstständig rückwärts den Berg hinauf zu fahren. Das Phänomen lässt sich allerdings mit einer optischen Täuschung durch das hügelige Gelände erklären. Ein angrenzendes Vergnügungsgelände mit Restaurants und Souvenirgeschäften bietet zusätzliche Abwechslung.

ℹ **Praktische Hinweise**

Information

Tourism Moncton, 655 Main Street, Moncton, Tel. 1-800/363-45 58, www.gomoncton.com

Hotel

****Delta Beausejours**, 750 Main Street, Moncton, Tel. 506/854-43 44, www.deltahotels.com. Geschmackvolle Zimmer und Garten mit Pool.

Restaurant

Le Château à Pape, 2 Steadman Street South, Moncton, Tel. 506/855-72 73. Am Hafen gelegenes Restaurant mit äußerst schmackhaften Fisch- und Meeresfrüchtegerichten.

24 Kouchibouguac National Park

Kilometerlange Dünen, Sandstrände und Lagunen.

›Fluss der langen Tiden‹ nannten die Micmac-Indianer die Region, die seit 1969 Nationalpark ist. Dieser liegt an der Ostküste von New Brunswick und schützt auf einer Fläche von 240 km² einige besondere Ökosysteme aus Marsch, Feuchtgebieten und Sümpfen, die für zahlreiche Wasservögel einen idealen Lebensraum bieten. Um den Besuchern deren Bedeutung näher zu bringen, wurden mehrere schöne Naturerlebnispfade angelegt, weitere Wanderwege führen in weniger zugängliche Bereiche des Parks.

i Praktische Hinweise

Information

Visitor Reception Centre, Route 117, Kouchibouguac, Tel. 506/876-24 43, Mitte Mai–Mitte Juni und Sept.–Mitte Okt. tgl. 9–17, Mitte Juni–Aug. tgl. 8–20 Uhr. Eine frühzeitige Reservierung von Campingplätzen wird empfohlen.

25 Caraquet

Französische Siedler gründeten die Stadt im Jahr 1774.

Folgt man der küstennahen Straße 11 nach Norden, erreicht man alsbald die Kleinstadt Caraquet an der Baie des Chaleurs. Bei klarem Wetter ist das gegenüberliegende Ufer, die Südküste der Gaspésie-Halbinsel, zu erkennen. Caraquet ist ein bedeutender Fischerort und gilt als älteste französische Siedlung im Norden von New Brunswick. Das kleine **Musée Acadien** (15 Blvd. St-Pierre Est,

http://museecaraquet.ca, Juni, Sept. tgl. 10–18, Juli/Aug. tgl. 10–20, So 13–18 Uhr) informiert über die Kunst und Kultur der frühen Siedler.

Keinesfall auslassen sollte man einen Besuch des **Village Historique Acadien** (http://villagehistoriqueacadien.com, Mitte Juni–Mitte Okt. tgl. 10–18 Uhr) einige Kilometer westlich von Caraquet. In diesem ausgedehnten Freilichtmuseum sind rund 40 Gebäude, darunter Bahnhof, Druckerei und Schule, von kostümierten Laiendarstellern belebt. Sie vermitteln Einzelheiten aus dem Alltag akadischer Familien des 18. und 19. Jh.

Ausflug

Ein Abstecher zur **Île Miscou** bringt den Reisenden zu einem 140 Jahre alten Leuchtturm. Die Insel eignet sich außerdem hervorragend zur Walbeobachtung und ist ein Paradies für Ornithologen.

i Praktische Hinweise

Hotels

****Paulin**, 143 Blvd. St-Pierre Ouest, Caraquet, Tel. 506/727-99 81. Das ganzjährig geöffnete Hotel von 1891 verfügt über zwölf stilvoll möblierte Zimmer und vier Suiten.

***Auberge de la Baie**, 139 Blvd. St-Pierre Ouest, Caraquet, Tel. 506/727-34 85. Modernes Mittelklasse-Haus.

Freundliche ›Bewohnerin‹ des Village Historique Acadien in Caraquet

Prince Edward Island –
Gartenprovinz mit ländlichem Charme

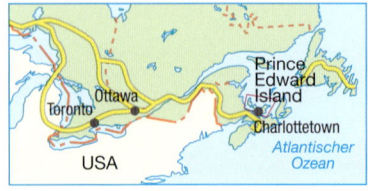

Nach Prince Edward Augustus, dem Herzog von Kent, wurde 1798 die bis dahin als St. John's Island bekannte Insel umgetauft, um sie von anderen Orten dieses Namens zu unterscheiden. Heute ist unter den Einheimischen die Abkürzung PEI populär. **Prince Edward Island** ist der Geburtsort des modernen kanadischen Staates. Hier kamen 1864 die 23 Vertreter der britischen Nordamerikaprovinzen zusammen, um über die kanadische Konföderation zu beraten – drei Jahre später entstand schließlich das Dominion of Canada. Die kleinste kanadische Provinz hat gerade einmal 135 000 Einwohner – größtenteils englisch-schottischer Herkunft – und eine Fläche von rund 5600 km^2 mit etwa 230 km in der Länge sowie zwischen 6 und 60 km in der Breite.

Betrachtet man das Eiland aus dem Flugzeug, fällt sogleich die rötliche Färbung des stark eisenhaltigen Bodens auf. Er ist äußerst fruchtbar und üppig, sodass die Landwirtschaft neben dem Fischfang die Ökonomie der Provinz

26 Charlottetown

Kanadas kleinste, historisch aber bedeutendste Provinzhauptstadt.

dominiert. Ein überregionales Renommee genießen etwa die schmackhaften rotschaligen Kartoffeln, die berühmten Austern aus der **Malpeque Bay** sowie die hervorragenden Scallops (Kammmuscheln). Zunehmend entdecken auch Touristen, vor allem Kanadier und US-Amerikaner, die Reize dieser paradiesisch anmutenden Insel – das Klima ist durch den Einfluss des Golfstroms ausgesprochen mild für das östliche Kanada.

Bis 1997 konnten Reisende PEI nur über den Flugplatz der charmanten kleinen Hauptstadt **Charlottetown** erreichen oder über Fährlinien von New Brunswick und Nova Scotia aus. Mit der Eröffnung der 13 km langen Confederation Bridge über die Northumberland Strait wurde eine direkte Festlandverbindung geschaffen, die der Wirtschaft und dem Tourismus neue Impulse gegeben hat.

Die etwas verschlafen wirkende Provinzkapitale im Zentrum der Insel bietet sich als idealer Ausgangspunkt für eine Rundtour auf Prince Edward Island an.

1764 erhielt Charlottetown die Hauptstadtwürde. Heute leben etwa 20 000 Menschen hier. Die Stadt besticht durch ihre gepflegten Villen, Grünanlagen und alten Alleen. Ihr provinzieller Charme hat etwas Liebenswürdiges. Hier kennt fast jeder jeden. Kriminalität ist beinahe ein Fremdwort, und so mancher Autobesitzer, der einkaufen geht, schließt seinen Wagen mit großer Selbstverständlichkeit nicht ab.

Das kleine Zentrum erstreckt sich um das 1847 im georgianischen Stil errichtete **Province House** (2 Palmers Lane, Juni–Mitte Okt. tgl. 9–17, sonst Mo–Fr 9–17 Uhr) und das moderne Gebäude des Confederation Centre of the Arts direkt nebenan. Die politische Tradition des Province House, die 1864 mit der berühmten Konferenz der 23 Delegierten englischer Provinzen in Nordamerika einen Höhepunkt erlebt hatte, wird bis heute hochgehalten: Das Provinzparlament tagt noch immer im historischen Sitzungssaal, der ebenso wie andere Räume des Hauses für eine Besichtigung offensteht.

Der große, moderne Komplex des **Confederation Centre of the Arts** (www.confederationcentre.com) wurde 1964 anlässlich des 100. Geburtstags der Konferenz errichtet. Mehrere Theater, Bibliotheken und die *Art Gallery* (Mitte Mai–Mitte Okt. tgl. 9–17, sonst Mi–Sa 11–17, So 13–17 Uhr) sind hier unter einem Dach vereint. Überregionale Bedeutung hat das jedes Jahr stattfindende Musical-Festival ›Anne of Green Gables‹.

Ein paar Schritte entfernt, an der Great George Street, erhebt sich die neogotische **St. Dunstan's Basilica**, die durch schöne Glasmalereien im Inneren besticht.

Am südlichen Ende der Straße erreicht man die **Harbourfront**, die rund um die Peake's Wharf und den Confederation Birthplace Commemorative Park aufwändig hergerichtet wurde. Gleich nebenan befindet sich die Cruise Ship Wharf, an der auch große Kreuzfahrtschiffe anlegen.

Mit seiner umlaufenden Veranda und den Fenstergauben ist das Beaconsfield House ein Symbol viktorianischer Eleganz

Leuchtend rote Sandsteinklippen wie hier bei Chepstow säumen Prince Edward Island

Südwestlich des Zentrums befindet sich das 1877 errichtete **Beaconsfield House** (2 Kent Street, Juli/Aug. tgl. 10–17, Sept. So–Fr 12–16 Uhr, sonst nach Vereinbarung), das einem der ehemals reichsten Bewohner der Stadt, dem Reeder James Peake, gehörte. Schräg gegenüber blickt man auf die Grünanlagen des **Victoria Park**, in dem die Residenz des Lieutenant Governor, des Repräsentanten der Britischen Krone, steht.

Ausflug

In Rocky Point, ca. 15 km westlich von Charlottetown (TransCanada Highway, Straße 19), erhebt sich **Port-La-Joye Fort Amherst,** eine Reminiszenz an die ersten französischen Siedler, die sich 1720 auf der Insel niederließen. An gleicher Stelle errichteten die Engländer ein Fort, nachdem sie den Ort 1758 eingenommen hatten. Das Gelände ist von Juni bis Oktober geöffnet, ein *Interpretation Centre* (Juli/Aug. tgl. 9–17 Uhr) gibt auf Schautafeln und in Videofilmen einen Eindruck vom Leben im frühen 18. Jh. Vom Park aus genießt man einen prächtigen Blick auf Charlottetown und den Hafen.

ℹ Praktische Hinweise

Information

Visitor Information Centre, Founders' Hall, 6 Prince St, Charlottetown, Tel. 902/368-18 64, www.peiplay.com

Hotels

*****Fairholm**, 230 Prince Street, Charlottetown, Tel. 1-888/573-50 22, http://fairholminn.com. National Historic Inn von 1838 mit 7 geräumigen und luxuriös ausgestatteten Zimmern.

***Dundee Arms Inn**, 200 Pownal Street, Charlottetown, Tel. 902/892-24 96, www.eden.travel. Edles Bed & Breakfast in einer alten Stadtvilla.

Restaurants

Claddagh Oyster House, 131 Sydney Street, Charlottetown, Tel. 902/892-96 61. Hübscher Herrensitz mit hervorragender Seafood-Küche.

Peake's Quay, 36 Lower Water Street, Charlottetown, Tel. 902/368-13 30. Steaks und Meeresfrüchte in ungezwungener Atmosphäre (geöffnet Mai–Okt.).

Anne of Green Gables

Zusätzliche Besucher erhält Prince Edward Island durch den vor allem in den Sommermonaten starken Rummel um eine **Romanfigur**, die sogar in den USA und in Asien berühmt ist: Anne of Green Gables. In Orten wie Cavendish oder Stanhope – überall begegnet dem Besucher dieser Name.

Die Schriftstellerin **Lucy Maud Montgomery**, die 1874 in New London geboren wurde, schrieb das Kinderbuch ›Anne of Green Gables‹. Dessen Titelheldin, ein kleines rothaariges Mädchen und armes Waisenkind, ist eine Art Pippi Langstrumpf von Prince Edward Island. Die temeramentvolle Romanfigur wurde so populär, dass ihre Erlebnisse in rund 20 Sprachen übersetzt und sogar verfilmt wurden.

27 Prince Edward Island National Park

Endlose Strände, Dünen und Marsch.

Der landschaftlich reizvolle Prince Edward Island National Park, der von den Buchten New London Bay, Rustico Bay, Covehead Bay und Tracadie Bay zum Land hin begrenzt wird, ist ein beliebtes Naherholungsgebiet für die Hauptstädter. Der Park beeindruckt durch breite Sandstrände, hohe Dünen und rote Klippen. Das Küstengebiet bietet Hunderten von Vogelarten einen Lebensraum.

Ausflüge

Rund 20 km nördlich, in **Cavendish**, kurbelt eine Romanfigur den Tourismus an. Hauptanziehungspunkt ist das am Ortsrand gelegene **House of Green Gables** (April, Nov. So–Do 12–16, Mai–Okt. tgl. 9–17 Uhr), das in den Geschichten um das Mädchen Anne beschrieben wird. Die Schriftstellerin Lucy Montgomery verbrachte hier einen Großteil ihres Lebens. Im Mai 1997 löste ein Brand, der zwei Räume des Hauses zerstörte, landesweit Schlagzeilen aus. Dieses nationale Denkmal wurde jedoch umgehend restauriert und es entstand zugleich ein Besucherzentrum, das über die Autorin und ihre berühmte Romanfigur informiert.

Im westlich von Cavendish gelegenen **Great Island Adventure Park** können Boote gemietet und ein Dino-Museum besucht werden.

i Praktische Hinweise

Hotels

***Cavendish Motel**, Cavendish, Tel. 1-800/565-22 43, www.cavendishmotel. pe.ca. Nahe des House of Green Gables liegt dieses Motel mit zweckmäßig eingerichteten Zimmern und kleinem Pool.

Im Hafen von Malpeque liegen Boote am Kai, auf denen Hummer angelandet werden

***Gulf View Cottages**, Gulf Shore Road, North Rustico, Tel. 902/963-20 52, www. gulfviewcottages.com. Im Nationalpark, mit Meeresblick (geöffnet Ende Mai–Sept.).

Camping

Cavendish Campground und **Stanhope Campground**, Tel. 450/505-83 02 (geöffnet Mitte Juni–Mitte Okt.).

Stanhope Sea Sound Trailer Park, Tel. 902/672-22 39 (nur Mitte Mai–Mitte Okt.).

Restaurants

Chez Yvonne's, Route 6, Cavendish, Tel. 902/963-20 70. Seit mehr als 40 Jahren auf Steaks und Fisch spezialisiert (geöffnet Mai–Okt.).

Fisherman's Wharf Lobster Suppers, Route 6, North Rustico, Tel. 902/963-26 69. Meeresspezialitäten, meist vor der ›Haustür‹ gefangen.

The Dunes Studio Gallery & Café, Brackley Beach, Tel. 902/672-25 86. Kunsthandwerk und gute Fischgerichte in modern eingerichtetem Lokal.

Malpeque – Synonym für Austern

Eine der köstlichsten Austernarten weltweit kommt aus der Malpeque Bay, die sich östlich von Summerside erstreckt. In großen Zuchtparks wachsen die Tiere bis zu ihrer ›Marktreife‹ zwei bis vier Jahre. Der Ort Malpeque geht auf eine Gründung der Micmac-Indianer zurück. Später siedelten sich Akadier dort an, gefolgt von Iren und Schotten. Heute kennt den Namen außerhalb Kanadas zumindest jeder **Feinschmecker**. Alljährlich werden etwa 4–5 Mio. Austern aus dem Meer geholt und zum Großteil für den Export versandfertig gemacht.

---

28 Summerside

Die Stadt erlangte durch Schiffbau und die Zucht von Silberfüchsen Wohlstand.

Summerside ist die zweitgrößte Stadt der Provinz, im Sommer erhöht sie als beliebtes Touristenziel ihre Einwohnerzahl noch einmal beträchtlich. Viele der Häuser zeugen von dem Wohlstand, den die Menschen hier vor 100 Jahren genossen und den sie sich durch Schiffbau, Fischfang und die Zucht von Silberfüchsen erarbeitet haben.

Noch heute tragen einige der stattlichen Villen den Beinamen ›Fox House‹, was auf die Grundlage des verdienten Geldes hinweist. So wird die Geschichte

Der **North Cape Coastal Drive** (www. northcapedrive.com) führt über eine Strecke von 350 km in den Westteil von Prince Edward Island. Die Route erstreckt sich von Summerside über Cap Egmont und West Point bis zum North Cape sowie zu den nordwestlichen Inseln Hog und Lennox in der Malpeque Bay.

ℹ Praktische Hinweise

Information

Visitor Centre, Waterfront, Summerside, Tel. 902/888-83 64 (geöffnet Juni–Sept.).

Hotels

***Loyalist Lakeview Resort**, 195 Harbour Drive, Summerside, Tel. 902/436-33 33, www.lakeviewhotels. com. Schickes Landhotel mit gediegenem Service.

***Stanhope Beach Resort**, Covehead, Tel. 902/672-27 01, www.stanhopebeach resort.com. Gehobenes Ferienresort mit Blick aufs Meer.

Restaurant

Brothers Two, 618 Water Street, Summerside, Tel. 902/436-96 54. Das Lokal ist für seine frischen Meeresfrüchte bekannt.

eines gewissen Frank Tuplin gern erzählt, der im Jahre 1911 für sein neues geräumiges Domizil nur mit einem wertvollen Silberfuchs-Zuchtpaar bezahlte. Das **International Fox Hall of Fame and Museum** ((33 Summer Street, Mitte Juni–Sept. Mo–Fr 10–17 Uhr) befasst sich eingehend mit diesem Thema.

An der Hafenpromenade wartet das **Eptek Art & Culture Centre** (Juni–Aug. Mo–Sa 9–17, So 12–17, Sept. Mo–Fr 9–16, So 12–16, Okt.–Mai Di–Fr 10–16, So 12–16 Uhr) mit wechselnden (Kunst-)Ausstellungen auf. In der Nähe der Abfahrtsstelle für die Bootstouren lädt **Spinnakers Landing** (Mitte Juni–Mitte Sept. tgl. 9.30–17.30, Juli/Aug. tgl. 9.30–21 Uhr) mit guten Restaurants und hübschen Geschäften zu einer Pause oder zum Shopping ein.

Während der Saison werden in Summerside Festivals mit Paraden und Livemusik veranstaltet. Eines der größten ist der **Lobster Carnival** im Juli, auf dem ausgelassen gefeiert und Hummer in allen Variationen verspeist wird.

Ausflüge

An der Südküste von Prince Edward Island leben auch heute noch Französisch sprechende Nachfahren der Akadier, über die das *Acadian Pioneer Village* (Juni–Mitte Sept. tgl. 9–19 Uhr) in **Mont Carmel** Auskunft gibt. Dieses Freilichtmuseum zeichnet das Leben der frühen Siedler zu Beginn des 19. Jh. nach.

Beim Lobster Carnival in Summerside spielen die Hummer auf Stelzen verrückt

Nova Scotia – idyllische Fischerdörfer und historisches Erbe

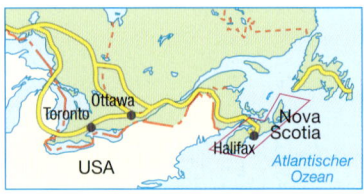

Nova Scotia weist bereits im Namen auf die ethnischen Wurzeln hin, die in dieser Atlantikprovinz dominieren. Viele der Einwohner sind Nachfahren schottischer Siedler. Daneben haben aber auch Deutsche, Iren und Franzosen Spuren hinterlassen. Der Forscher Pierre Du Gua de Monts gründete ab 1604 mehrere befestigte Handelsposten und nannte das Land **Akadien**. Bereits lange vor den Einwanderern lebten hier allerdings die Micmac-Indianer.

Die Provinz ist mit gut 52 000 km² und knapp 930 000 Einwohnern für kanadische Verhältnisse dicht besiedelt. Dieser Begriff relativiert sich jedoch angesichts einsamer Küstenabschnitte schnell. Als eine der spektakulärsten Küstenstrecken Nordamerikas gilt der **Cabot Trail** auf Cape Breton Island.

Im Umriss ähnelt die Insel einem Hummer, einem Meerestier, das wirtschaftlich und kulinarisch eine feste Größe in Nova Scotia darstellt. Ökonomisches und kulturelles Zentrum der Provinz ist **Halifax**. Diese Stadt liegt etwa auf halbem Weg zwischen Cape North und **Yarmouth** im Süden und eignet sich gut als Ausgangspunkt für Rundfahrten. Südwestlich trifft man auf die **Lighthouse Route**, die nach den mehr als 1000 Leuchttürmen an der Küste benannt ist. Auf dem **Evangeline Trail** kann der Besucher den Westen erkunden.

29 Halifax

*Die größte Stadt der Atlantik-
provinzen ist wirtschaftlich stark
von ihrem Hafen abhängig.*

In Halifax dreht sich alles um den Hafen.
Er ist nach Sydney in Australien der zweitgrößte **Naturhafen** der Welt und einer
der wenigen in Kanada, die das ganze
Jahr über eisfrei bleiben. Nicht untypisch
ist dieses Bild: Ein Kreuzfahrtriese ankert
neben einem Torpedoboot der Kriegs-
marine, während ein vollgepacktes Con-
tainerschiff gerade dem offenen Meer
zustrebt. Halifax ist einer der bedeutendsten Flottenstützpunkte der kanadischen Marine, besitzt ein supermodernes
Containerterminal und steht als fester
Programmpunkt auf dem Fahrplan großer Oceanliner.

Vor einigen Jahren erklärten die allgegenwärtigen ›Trend scouts‹ die 370 000-
Einwohner-Stadt Halifax zur ›In-City‹. Früher nannte man sie wegen der Brücken
und der steilen Straßen gern ›das San
Francisco des Nordens‹. Heute gehen die
Vergleiche in Richtung Seattle, was die
aktive Musik- und Jugendszene betrifft.

Geschichte   In der Gegend des heutigen Halifax lebten bereits lange vor dem
Eintreffen der weißen Siedler **Micmac-
Indianer**, die die Bucht ›Chebookt‹ (Großer langer Hafen) nannten. Seiner strategisch günstigen Lage verdankt der Ort
auch eine steile Karriere: Bereits ein Jahr
nach der Gründung durch Gouverneur
Edward Cornwallis und 2500 Kolonisten
im Jahre 1749 wurde die nach dem britischen Minister Lord Halifax benannte
Siedlung zur **Hauptstadt** von Neuschott-
land erklärt. Sie bildete einen wichtigen
Stützpunkt in jener Zeit, als Franzosen
und Engländer um die Vorherrschaft auf
dem nordamerikanischen Kontinent
kämpften. Damals entstand auch die französische Megafestung Louisbourg auf
Cape Breton Island. Architektonische
Zeichen setzte Prince Edward, der von
1794 bis 1800 als Oberbefehlshaber die
englischen Truppen in Nordamerika be-
fehligte. In dieser Zeit entstand eine Reihe
von Verwaltungs- und öffentlichen Gebäuden. Wirtschaftliche Blütezeiten er-
lebte Halifax, als während des Ersten und
Zweiten Weltkriegs große Schiffskonvois
mit Ausrüstung und Munition den Hafen
Richtung Europa verließen. Die Bedeutung als **Militärstützpunkt** ist geblieben,
Halifax dient bis heute als Basis für Kanadas Atlantikflotte.

Eine **Katastrophe** findet in den Anna-
len der Stadtchronik besondere Erwäh-
nung: Am 6. Dezember 1917 kollidierte im
Hafen das französische Munitionsschiff
Montblanc mit dem belgischen Dampfer
Imo. Der Zusammenstoß löste die größte
Explosion aus, die bis dahin von Men-
schen verursacht worden war. Die gewal-
tige Detonation legte die halbe Stadt in
Schutt und Asche. Dabei starben 2000
Einwohner, und 9000 wurden zum Teil
schwer verletzt.

Im Jahr 1995 schaute die Welt nach
Halifax, als sich die Vertreter der sieben
wichtigsten Industrienationen zu ihrem
G-7-Treffen einfanden.
Halifax hat im Grunde seinen Kleinstadt-
charme behalten. Die Hochhäuser im Ge-
schäftsviertel am Hafen sind zwei Nummern kleiner ausgefallen als die in Toronto oder Montréal, und die wichtigsten
Sehenswürdigkeiten liegen nicht sehr
weit auseinander.

*Eine Nummer kleiner als Toronto, aber in
puncto Lebensqualität ebenbürtig: Halifax*

Waterfront

Als Ausgangspunkt für einen Stadtrund-gang bietet sich die Upper Water Street am Hafen mit ihren alten Lagerhallen an, die in den 1960er-Jahren einer Schnell-straße weichen sollten, nach Bürgerpro-testen aber erhalten und restauriert wer-den konnten. Inzwischen beher-bergen diese **Historic Properties** ❶ etliche schmucke Geschäfte, Pubs und Restaurants und haben sich zu einem Anziehungspunkt für Touristen gemausert. Eine weitere Attraktion von Halifax ist eine Hafenrundfahrt ab *Murphy's Cable Wharf* (www.mtcw.ca). Das Unternehmen bietet u.a. Touren und Dinner Cruises auf der Harbour Queen I, einem zweistöckigen Raddampfer. Etwas Besonderes sind die Rundfahrten mit dem Harbour Hopper, einem Amphibienfahr-

(TOP TIPP)

zeug, die zu den wichtigsten Sehens-würdigkeiten des historischen Zentrums und durch einige Hafenbecken führen.

Weiter südlich am Hafen fällt das moderne Holzgebäude des **Maritime Museum of the Atlantic** ❷ (1675 Lower Water St., www.museum.gov.ns.ca/mma, Mai–Okt. Mo–Sa 9.30–17.30, So 13–17.30, Nov.–April Di–Sa 9.30–17, So 13-17 Uhr) ins Auge. Ausstellungsschwerpunkte sind die Geschichte des Fischfangs in den Atlantikprovinzen sowie die Entwicklung der Seefahrt. Anhand zahlreicher Origi-nalboote und beeindruckender Minia-turmodelle der frühen Luxusliner lässt sich der Werdegang des Schiffsbaus nach-vollziehen. Ein Film dokumentiert den schwärzesten Tag der Stadtgeschichte, als die Kollision zweier Schiffe 1917 zu einer verheerenden Explosion führte. Vor dem

Schöner shoppen in ehemaligen Lagerhäusern – Historic Properties an der Waterfront

Museum liegen die zu besichtigenden Schiffe Sackville und CSS Acadia vertäut.

Gleich nebenan befindet sich die Anlegestelle der **Fähre** nach Dartmouth (s.u.). Es lohnt sich, zu der Stadt am gegenüberliegenden Ufer hinüberzufahren und das Panorama von Halifax zu genießen.

Folgt man der Lower Water Street am Hafen weiter Richtung Süden, erreicht man bald den **Halifax Seaport Farmers' Market 3**, ein Gebäude-Ensemble aus Geschäften und Restaurants, das früher zur Alexander-Keith-Brauerei gehörte. Samstags fungiert es auch als Gemüse- und Kunsthandwerksmarkt.

Downtown

Um die Ecke, an der Bishop Street, erhebt sich das **Government House 4** aus dem Jahre 1805. Es wurde auf Anregung von Prince Edward, dem Herzog von Kent, errichtet. Das repräsentative Gebäude ist nur von außen zu besichtigen.

Direkt gegenüber liegt der älteste Friedhof von Halifax, der **Old Burying Ground 5**. Hier wurden die ersten Siedler bestattet, die 1749 mit Edward Cornwallis gekommen waren. Auf dem Gelände befindet sich ein Besucherzentrum, das detaillierte Auskünfte über die Geschichte des Friedhofs und seiner Grabstätten erteilt.

Der *Barrington Street*, einer der belebten City-Hauptstraßen, in nördlicher Richtung folgend, erreicht man an der Ecke Grand Parade die **St. Paul's Anglican**

Church 6. Der schlichte Holzbau mit rundbogigen Biforienfenstern wurde 1750 errichtet. Er gilt als älteste protestantische Kirche Kanadas und ist zugleich das älteste Gebäude der Stadt.

Gegenüber dem Gotteshaus, am Nordende der Grand Parade, befindet sich die **City Hall 7**. Sie entstand 1888 im viktorianischen Stil und fällt durch den spitz zulaufenden Turm mit dem grünen Kupferdach sofort ins Auge.

Im von Grün umgebenen **Province House 8** (1726 Hollis Street, http://nslegislature.ca, Juli/Aug. Mo–Fr 9–17, Sa/So 10–16, sonst Mo–Fr 9–16 Uhr) tagt das Parlament der Provinz Nova Scotia. Das georgianische Sandsteingebäude von 1818 ist Kanadas ältester Regierungssitz. Charles Dickens notierte bei einem Besuch 1842: »Es war, als ob man Westminster durch die falsche Seite des Fernglases gesehen hätte.« Im Inneren sind der ehrwürdige Bibliotheksraum der Legislative Library sowie die Legislative Chamber zu besichtigen.

In einem restaurierten Verwaltungsgebäude vis-à-vis vom Eingang des Province House an der Hollis Street ist die **Art Gallery of Nova Scotia 9** (www.agns.gov.ns.ca, Fr–Mi 10–17, Do 10–21 Uhr) untergebracht. Seine bemerkenswerte Sammlung kanadischer und europäischer Kunst umfasst 15 000 historische und zeitgenössische Gemälde, Skulpturen und Fotografien.

Der Spaziergang an der **Old Town Clock** ❿ vorbei zum Citadel Hill ist ein Ausflug in die Siedlungsgeschichte der Stadt. Der restaurierte Uhrturm am Fuße des Hügels ist ein Geschenk des Herzogs von Kent, der den Bau 1803 in Auftrag gab, um Soldaten und Einwohner der Stadt zu Pünktlichkeit anzuhalten.

Nach einem kurzen Anstieg betritt man die **Citadel** ⓫ (Juli./Aug. tgl. 9–18, Mai/Juni, Sept./Okt. tgl. 9–17 Uhr), die touristische Hauptsehenswürdigkeit von Halifax. Die 1856 fertiggestellte sternförmige Festung ist bereits die vierte Anlage dieser Art auf dem Hügel über der Stadt, von den Vorgängerbauten blieb jedoch nichts erhalten. Das jetzige Fort wurde nie angegriffen und ist daher bis heute vollständig erhalten. Während der Sommermonate schlüpfen Studenten in historische Uniformen und exerzieren auf dem Innenhof. Zu besichtigen sind die einstigen Soldatenunterkünfte, und im Obergeschoss dokumentiert ein Armeemuseum die Militärgeschichte der Provinz Nova Scotia. Im Rahmen der *Ghost Tour* (Do–Sa 20.30 Uhr) erläutert ein kostümierter Führer im Licht einer Fackel Geistergeschichten und Legenden, die sich um die Festung ranken.

Die schönste Grünanlage der Stadt erstreckt sich im Süden der Halifax-Halbinsel: Der 75 ha große **Point Pleasant Park** ⓬ zählt bis heute zum Besitz Großbritanniens und wurde den Parkdirektoren 1866 von der englischen Königin Victoria leihweise für 999 Jahre überlassen. Vom Aussichtspunkt Black Rock Beach genießt man einen schönen Blick auf die Hafeneinfahrt und die vorgelagerte McNab-Insel mit dem Leuchtturm. Im Zentrum des Parks erhebt sich der wuchtige Martello Tower, der 1797 auf Anordnung von Prince Edward errichtet und nach dem Bruder des Prinzen benannt wurde. Weitere Befestigungsanlagen wie das Fort Ogilvie und die Cambridge Battery auf dem Gelände zeugen heute noch von der einstigen strategischen Bedeutung dieser Landspitze.

Dartmouth

Mit der Fähre kann man in nur 15 Min. zur Schwesterstadt Dartmouth übersetzen. Nur halb so groß wie Halifax, bietet sie doch einige Sehenswürdigkeiten.

Ältestes Gebäude ist das **Quaker House** ⓭ (55/57 Ochterloney Street, Juni–Aug. Di–So 10–13 und 14–17 Uhr), das Ende des 18. Jh. von den Walfängern aus

Ein Muss für jede Kamera – der Bilderbuch-Leuchtturm von Peggy's Cove

Nantucket in Massachusetts errichtet wurde und heute einen Teil des Dartmouth Heritage Museum bildet.

Weiter südlich, jenseits der Innenstadt, steht das **Evergreen House** 14 (26 Newcastle Street, Di–Fr 10–17, Sa 10–13 und 14–17, Juni–Aug. auch So 10–13 und 14–17 Uhr). 1867 für einen Richter namens Alexander James errichtet, vermittelt es einen Eindruck vom Stadtleben des ausgehenden 19. Jh. Viele Räume sind mit Originalmobiliar ausgestattet. Als ein weiterer Bestandteil des Dartmouth Heritage Museum zeigt es auch Sammlungen zur Stadtgeschichte sowie in der Harbour View Gallery wechselnde Ausstellungen.

Bekannt war Dartmouth damals durch den **Shubenacadie Canal** 15, der in der Nähe des heutigen Ferry Terminals begann. 1858–70 nutzten Segel- und Dampfschiffe die 115 km lange Wasserverbindung zwischen dem Hafen von Halifax und der Bay of Fundy, die auf einer alten Micmac-Route basierte. Markierte Wanderwege führen nun vom Hafen am historischen Kanal entlang zu den Resten der Schleusen und Rampen, über die die Seen miteinander verbunden waren. Einige der alten Schleusen, etwa am Lake Banook und am Lake Micmac, wurden inzwischen restauriert. Weitere Informationen liefert das *Shubenacadie Info Center* (54 Locks Road, www.shubie.chebucto.org, Tel. 902/462-18 26) im Fairbanks Center nördlich des Lake Micmac.

Ausflug

Auf der Lighthouse Route (Hwy 333) in westlicher Richtung erreicht man nach rund 20 km den Bilderbuchort **Peggy's Cove**. Das winzige Fischernest vermittelt mit seinen bunten Holzhäusern den Eindruck eines Puppenstubendorfes. Die Häuser gruppieren sich rund um einen kleinen Hafen auf den vom Meer glatt gewaschenen Granitfelsen. Der bekannte weiße Leuchtturm ist nicht nur ein beliebtes Fotomotiv, sondern auch ein Treffpunkt von Philatelisten. In seinem Inneren befindet sich ein Postamt – der Stempel ist bei Sammlern äußerst begehrt.

ℹ️ Praktische Hinweise

Information

Halifax Visitor Centre, Argyle Street/Sackville Landing, Halifax, Tel. 902/490-40 00, www.halifaxinfo.com

Vor der kanadischen Küste darf Hummer nur noch stark reguliert gefangen werden

Fisch und Flaute

Die Wirtschaft der Provinz Nova Scotia ist zwar immer noch – hier und da folkloristisch verklärt – zum Teil vom **Hummer-** und **Fischfang** geprägt. Doch befindet sich die gesamte kanadische Fischerei-Industrie in einer **Krise**. Viele Fanggründe vor den maritimen Küsten sind inzwischen überfischt, und so gibt es überall strenge Auflagen und Quotenregelungen. Um diese wirtschaftliche Flaute zu überwinden, die aus der Abhängigkeit von den Früchten des Atlantik resultiert, fördert man verstärkt auch in Nova Scotia die Ansiedlung von **High-Tech-Unternehmen** und investiert zunehmend in den **Tourismussektor**. Vor allem Amerikaner tummeln sich in den Sommermonaten als Busreisegruppen und mit dem Wohnmobil auf den berühmten ›Trails‹, die als Rundfahrten einen guten Einblick in die verschiedenen Regionen der Provinz geben.

Nova Scotia Visitor Information, 1655 Lower Water Street, Halifax, Tel. 902/424-42 48, www.novascotia.com

Hotels

****Delta Barrington**, 1875 Barrington Street, Halifax, Tel. 902/429-74 10, www.deltahotels.com. Hochhaus in zentraler Lage an der Hafenpromenade, Pool.

****Delta Halifax**, 1990 Barrington Street, Halifax, Tel. 902/425-67 00, www.deltahotels.com.
Modernes Hochhaus-Hotel in Hafennähe. Direkter Zugang zum Shoppingcenter an der Barrington Street.

****Marriott Harbour Front Hotel**, 1919 Upper Water Street, Halifax,

Tel. 902/421-17 00, www.marriott.com. Das größte Hotel der Stadt, neben dem Casino nahe der Historic Properties am Hafen gelegen.

*****Citadel Halifax**, 1960 Brunswick Street, Halifax, Tel. 902/422-13 91, www.citadelhalifax.com. Großes Hotel der gehobenen Mittelklasse in der Nähe der Zitadelle.

****Peggy's Cove Bed & Breakfast**, 17 Church Road, Peggy's Cove, Tel. 902/823-22 65, www.peggyscovebb.com. Schöner Blick auf den Ort (geöffnet Mai–Okt.).

Restaurants

Five Fishermen, 1740 Argyle Street, Halifax, Tel. 902/422-44 21. Rustikales Restaurant, serviert die besten Fisch- und Meeresfrüchte-Gerichte der Stadt.

Salty's, Historic Properties am Hafen, Halifax, Tel. 902/423-68 18. Meeresfrüchte – was sonst! Und dazu eine besonders schöne Aussicht auf den Hafen.

Sou'Wester, Peggy's Cove, Tel. 902/823-25 61. Ausgezeichnete Fischsuppen (Chowders), nicht weit vom berühmten Leuchtturm.

30 Mahone Bay

Romantische Bucht mit drei ganz charmanten Küstenorten.

Auf der Lighthouse Route entlang der landschaftlich reizvollen Südküste erreicht man rund 40 km südwestlich von Halifax das an der Einfahrt zur Mahone Bay gelegene elegante **Chester**. Zahlreiche vorgelagerte kleine Inseln bieten einen malerischen Anblick. Der um 1760 von Siedlern aus Neuengland gegründete Küstenort ist seit dem Beginn des 19. Jh., als das erste Hotel hier gebaut worden war, ein Touristenziel. Heute haben so manche wohlhabende Einwohner von Halifax hier ihren Sommersitz. Mitte August wird der kleine Ort zum Mekka der Segler, wenn die *Chester Race Week* abgehalten wird, die größte Segelregatta in den Atlantikprovinzen.

Nur etwa 20 km weiter liegt das 1754 gegründete hübsche 1000-Seelen-Dorf **Mahone Bay**, das an der Silhouette seiner drei nebeneinander stehenden Kirchtürme leicht zu erkennen ist. Während ursprünglich viele Dorfbewohner vom Schiffbau lebten, genießt der Ort heute einen guten Ruf als Zentrum für Kunst-

Göttlicher Reigen – drei Kirchtürme am Rand der Bucht sind markanter Blickpunkt und Wahrzeichen von Mahone Bay

handwerk und Antiquitäten. Das kleine Mahone Bay Settlers Museum (Juni–Sept. Mo–Sa 10–17, So 13–17 Uhr) an der Hauptstraße erinnert an das Leben der Siedler im 19. Jh.

10 km südlich, an der Straße 324, liegt die Stadt **Lunenburg**. Überwiegend Deutsche aus Lüneburg waren es, die sich Mitte des 18. Jh. in Nova Scotia niederließen und der neuen Siedlung den Namen ihres Heimatortes gaben.

Hauptattraktion ist das am Hafen gelegene, strahlend rot gestrichene *Fisheries Museum of the Atlantic* (Mitte Mai–Juni, Sept.–Mitte Okt. tgl. 9.30–17.30, Juli/Aug. Di–Sa 9.30–19, So/Mo 9.30–17.30, Mitte Okt.–Mitte Mai Mo–Fr 9.30–16 Uhr), das eindrucksvoll über Lunenburgs Entwicklung Auskunft gibt. Zu besichtigen sind zudem der alte Schoner Theresa E. Connor sowie die Cape Sable, ein ausgemusterter Trawler, dessen Funktionsweise pensionierte Kapitäne und Fischer erläutern.

In Lunenburg lief auch die legendäre Bluenose vom Stapel, die in den 1920er-Jahren als schnellstes Segelschiff der Welt zahlreiche Regatten gewann. Heute hat hier die Bluenose II (www.schooner-bluenose2.ca), ein Nachbau aus dem Jahr 1963, ihren Heimathafen. Sie ist der Stolz von Lunenburg und soll nach einer Generalüberholung im Sommer 2012 wieder auf küstennahe Kurzkreuzfahrten gehen. Bis dahin können die Restaurierungsarbeiten in der Werft von Lunenburg vom Kai aus beobachtet werden. Verewigt ist das berühmte Schiff auf der Rückseite der kanadischen 10-Cent-Münze.

ℹ Praktische Hinweise

Hotels

****The Lunenburg Inn**, 26 Dufferin Street, Lunenburg, Tel. 1-800/565-39 63, www.lunenburginn.com. Stilvolles Bed & Breakfast mit 6 Zimmern.

****Mariner King Inn**, 15 King Street, Lunenburg, Tel. 902/634-85 09, www.marinerking.com. Bed & Breakfast in schöner Umgebung.

***Spinnaker Inn**, 126 Montague Street, Lunenburg, Tel. 1-888/634-89 73, www.spinnakerinn.com. Klein, aber fein, Suiten mit Hafenblick.

Restaurants

The Old Fish Factory, 68 Bluenose Drive, Lunenburg, Tel. 902/634-33 33. Traditionsreiches Seafood-Restaurant (Hummer!) auf der Rückseite des Fisheries Museum of the Atlantic.

The Rope Loft, 36 Water Street, nahe der Tancook Island Ferry, Chester, Tel. 902/275-34 30. Frische Meeresfrüchte zu annehmbaren Preisen.

31 Liverpool

Zwei historische Museen laden zum Verweilen ein.

Der etwas verschlafen wirkende Küstenort Liverpool lohnt wegen seiner zwei interessanten Museen einen Abstecher. Das **Perkins House** (105 MainStreet, Juni–Mitte Okt. Mo–Sa 9.30–17.30, So 13–17.30 Uhr) ist nach dem Geschäftsmann Simeon Perkins benannt und dokumentiert dessen abwechslungsreiche Vita. Die Tagebücher Perkins´ lassen das Dorfleben des 18. Jh. lebendig werden.

Das kleine **Queens County Museum** (109 Main Street, Juni–Mitte Okt. Mo–Sa 9.30–17.30, So 13–17.30, sonst Mo–Sa 9–17 Uhr) direkt nebenan setzt sich eben-

Vor dem Fisheries Museum of the Atlantic in Lunenburg sind zwei Schiffe zu besichtigen

falls mit der lokalen Geschichte auseinander, organisiert wechselnde Ausstellungen und verfügt über eine genealogische Abteilung.

ℹ Praktische Hinweise

Hotel

***Lane's Privateer Inn**, 27 Bristol Avenue, Liverpool, Tel. 902/354-34 56, www.lanesprivateerinn.com. Gemütliches Hotel mit 27 Zimmern.

Restaurant

Lane's Privateer Inn, 27 Bristol Avenue, Liverpool, Tel. 902/354-34 56. Ordentliche Lokalküche des gleichnamigen Hotels, die sich nach der (Fisch-)Saison richtet.

32 Shelburne

Die Gründerväter waren geflüchtete englische Loyalisten.

Die Kleinstadt Shelburne wird auch ›Loyalist Town‹ genannt, weil 1783 rund 3000 englische Loyalisten aus New York auf der Flucht vor der amerikanischen Revolution mit 30 Schiffen hier landeten. Wer sich eingehender mit diesem Ereignis beschäftigen will, ist gut im **Ross-Thomson House** (Charlotte Street, Sept.–Mitte Okt. tgl. 10–13 und 14–17 Uhr) aufgehoben. Dieses 1784 errichtete und als einziges in Nova Scotia erhaltene Warenhaus aus jener Zeit ist heute Provinzmuseum und erteilt detaillierte Auskünfte über die Geschichte der Stadt.

ℹ Praktische Hinweise

Hotel

Cooper's Inn, 36 Dock Street, Shelburne, Tel. 902/875-46 56, www.thecoopersinn.com. In einem Loyalisten-Haus aus dem Jahr 1785 wohnt man direkt am Wasser.

Restaurant

Shelburne Pastry, 151 Water Street, Shelburne, Tel. 902/875-11 64. Italienische Speisen vom deutschen Küchenchef.

33　Yarmouth

Kleine Hafenstadt mit großer maritimer Tradition.

Das an der Westküste Nova Scotias gelegene Yarmouth ist Endpunkt der *Lighthouse Route* und Ausgangspunkt der zweiten interessanten Rundreisestrecke durch Nova Scotia, des *Evangeline Trail*. Die 1761 gegründete Kleinstadt mit ihren 8000 Einwohnern besitzt Fährverbindungen nach Portland und Bar Harbour im US-Bundesstaat Maine.

Yarmouth, größter Hafen von Nova Scotia westlich von Halifax, hat eine bedeutende maritime Vergangenheit. Davon zeugt auch die stattliche Sammlung mit Marinemalerei im **County Museum** (22 Collins Street, http://yarmouthcountymuseum.ednet.ns.ca, Mitte Mai–Mitte Okt. Mo–Sa 9–17, sonst Di–Sa 14–17 Uhr). Sie ist eine der umfangreichsten Kanadas.

Nördlich der Stadt beginnt die so genannte französische Küste mit zahlreichen akadischen Dörfern, in denen die heimatlichen Traditionen gepflegt werden.

ℹ Praktische Hinweise

Hotels

****Rodd Grand Yarmouth**, 417 Main Street, Yarmouth, Tel. 902/742-24 46, www.rodd-hotels.ca. Modernes Haus mit 138 Zimmern, Restaurant und Pool.

Murray Manor, 225 Main Street, Yarmouth, Tel. 902/742-96 25, www.murraymanor.com. Historisches B & B mit drei schönen Zimmern.

34　Meteghan

Der Name verrät es: Hier siedelten akadische Einwanderer.

Kurz vor dem Dorf Meteghan sollte man im geheimnisvoll klingenden **Smugglers Cove Provincial Park** eine Picknick-Pause einlegen. Hier schaut man über Klippen in eine kleine Bucht, die Anfang des 20. Jh. Rumschmugglern als Versteck diente. Außerdem bietet sich ein hübscher Panoramablick auf die St. Mary's Bay und die vorgelagerte Insel Brier Island.

Meteghan selbst besitzt einen quirligen Hafen, in dem Hummerfangboote neben Heringstrawlern ankern und das Leben der Menschen wie seit ehedem stark vom Fischfang geprägt ist. Schöne Wandmalereien schmücken die aus Holz erbaute St. Alphonsus Church.

Ausflug

Knapp 20 km nördlich liegt der kleine Ort **Church Point**, dessen Name bereits auf

In Church Point ragt die Église Sainte-Marie 58 m hoch in den atlantischen Himmel

Gleich drei Kamine: Offenbar gut geheizt waren die Offiziersquartiere in Fort Anne

die interessanteste Sehenswürdigkeit hinweist: die größte hölzerne Kirche Nordamerikas. Die 58 m hohe und 41 m breite *Église Sainte-Marie* wurde 1903–05 auf kreuzförmigem Grundriss errichtet. Die Turmspitze sicherte man durch tonnenschweres Gestein, um die Wucht der starken Küstenwinde abzufedern. In unmittelbarer Nähe liegt die 1891 gegründete kleine Université Sainte-Anne.

ℹ️ Praktische Hinweise

Hotel
**Bluefin Motel, 7765 Hwy 1, Meteghan, Tel. 902/645-22 51, http://bluefinmotel. com. 15 Zimmer und 4 Suiten, freundliches Personal.

Restaurant
Havre du Capitaine, 9118 Rte 1, Meteghan River, Tel. 902/769-20 02. Traditionelle akadische Küche, Speisen mit Meeresblick, außerdem 8 Gästezimmer.

35 Digby

Der kleine Hafen ist berühmt für seine edlen Jakobsmuscheln.

Das geschäftige Fährstädtchen Digby verdankt seinen Namen Sir Robert Digby, der 1793 englische Loyalisten aus den USA nach Nova Scotia brachte. Diesem Ereignis und der Ortsgeschichte widmet sich das mit alten Möbeln, Fotografien und Landkarten ausgestattete **Admiral Digby Museum** (95 Montague Row, Mitte Juni–Aug. Mo–Sa 9–17, Aug.–Okt. Di–Fr 9–12 und 13–16.30, Okt.–Mitte Juni Mi und Fr 9–12 und 13–16.30 Uhr).

Überregionale Bedeutung genießt Digby als Hafen für den Fang und die Verarbeitung von Scallops. Jedes Jahr im August strömen zahlreiche Besucher zu den **Scallop Days** nach Digby, einem Festival rund um die köstlich schmeckenden Jakobsmuscheln.

ℹ️ Praktischer Hinweis

Hotel
****Digby Pines, Digby, Tel. 902/245-25 11, www.digbypines.ca. Edles Resort-Hotel mit Golfplatz, Tenniscourts, Swimmingpool und Fitness-Center (Mai–Mitte Okt.).

36 Annapolis Royal

Älteste europäische Siedlung in der Obstkammer Kanadas.

Der Höhepunkt einer Rundreise auf dem Evangeline Trail ist das Annapolis Valley mit dem geschichtlich bedeutenden Ort Annapolis Royal. 1605 gegründet, gilt er als älteste europäische Siedlung in Kanada und war bis 1749 Hauptstadt von Akadien. Hervorzuheben sind drei historische Gebäude: das **De Gannes-Cosby House** von 1708, das älteste Holzhaus Kanadas, das **Adam-Ritchie House** aus dem Jahre 1713 und das **Runciman House** von 1817.

Ein weiterer Publikumsmagnet sind die an der St. George Street gelegenen **Royal Historic Gardens** (www.historicgardens.com, Mai/Juni, Sept./Okt. tgl. 9–17, Juli tgl. 8–21, Aug. tgl. 8–20 Uhr), eine große Parkanlage mit Blumenbeeten, Themengärten und kleinen Wasserlandschaften. Im Sommer führen Gärtner die Besucher durch den Park und berichten aus der Pflanzenkunde, außerhalb der Saison ist die Anlage frei zugänglich.

Hauptattraktion von Annapolis Royal ist jedoch **Fort Anne National Historic Site** (Mitte Mai–Juni/Sept.–Mitte Okt. tgl. 9–17.30 Juli/Aug. tgl. 9–18 Uhr). Die gut

erhaltene Befestigungsanlage wurde von den Franzosen 1643 errichtet und 1710 von den Engländern eingenommen. Seit 1917 ist es eine nationale historische Stätte. Kanonen, Pulvermagazine und Soldatenquartiere sowie ein kleines Museum im Hauptgebäude dokumentieren den militärischen Alltag im 18. Jh.

Ausflüge

Lohnend ist eine Tour durch das reizvolle **Annapolis Valley** Richtung Bridgetown. Das Flusstal besitzt fruchtbare Böden und verfügt über ein mildes Mikroklima, sodass vor allem Obst und Gemüse prächtig gedeihen. Hier erstreckt sich das größte Apfelanbaugebiet Ostkanadas, das sich besonders prachtvoll zur Obstblüte im Mai präsentiert.

Einige Kilometer nordwestlich von Annapolis Royal liegt am Nordufer des Annapolis River eine 1605 von Franzosen gegründete Siedlung, die **Port Royal National Historic Site** (Mitte Mai–Juni/ Sept.–Mitte Okt. tgl. 9–17.30 Juli/Aug. tgl. 9–18 Uhr). Die immer wieder von Engländern angegriffene und zerstörte Befestigung war schließlich aufgegeben worden, als die Franzosen 1635 den Ort Annapolis Royal gründeten. Erst zu Beginn des 20. Jh. entdeckte man hier die Reste eines Dorfes und rekonstruierte es ab 1938 exakt nach Aufzeichnungen von Samuel de Champlain. Die historischen Holzgebäude, die als Museumsräume eingerichtet worden sind, gruppieren sich rechteckig um einen Innenhof. In den Sommermonaten erwecken Studenten in historischen Kostümen diese älteste Siedlung Kanadas zu neuem Leben, indem sie Szenen aus dem Alltag der ersten Siedler historisch getreu nachspielen.

ℹ Praktische Hinweise

Information

Visitor Information Centre, Kings Theatre, 209 St George Street, Annapolis Royal, Tel. 902/532-5454, www.annapolis royal.com (geöffnet Mitte Mai–Mitte Okt.).

Hotels

TOP TIPP ****Bread & Roses Inn**, 82 Victoria Street, Annapolis Royal, Tel. 902/ 532-5727, www.breadandroses.ns.ca. Hübsches Country Inn in viktorianischem Haus, antikes Mobiliar in neun Zimmern und Suiten (geöffnet April–Okt.).

***King George Inn**, 548 St. George Street, Annapolis Royal, Tel. 1-888/ 799-5464, www.kinggeorgeinn.20m.com.

Viktorianisches Kapitänshaus von 1868 mit acht Zimmern (geöffnet Mai–Nov.).

Restaurant

The Garrison House, 350 St. George Street, Annapolis Royal, Tel. 902/532-57 50. Elegante Restaurant-Räume in viktorianischem Haus von 1854.

37 Kejimkujik National Park

 Einer der schönsten kanadischen Parks bietet ein Refugium für seltene Tier- und Pflanzenarten.

Der 400 km² große Naturpark, im Landesinneren zwischen Annapolis Royal und Liverpool gelegen, beeindruckt durch eine Seen-, Wald- und Flusslandschaft, in der zahlreiche zum Teil seltene Tierarten beheimatet sind. Bei *Maitland Bridge* befindet sich der Parkeingang. Der kleinere Teil des Geländes ist für Autos zugelassen, ansonsten bewegt man sich zu Fuß oder mit Kanus fort.

Das Land, auf dem sich der Kejimkujik National Park erstreckt, gehörte einst den Micmac-Indianern. Von ihnen sind einige Felsmalereien erhalten, die auf einer organisierten Tour besichtigt werden können.

ℹ Praktische Hinweise

Information

Visitor Centre, Maitland Bridge, am Parkeingang, Tel. 902/682-2772

Kanuverleih

Loon Lake Outfitters, Route 8, 400 m nördlich des Parkeingangs, Tel. 902/682-22 20 (geöffnet Mai–Okt.).

Camping

Die beliebten Campgrounds im Nationalpark müssen lange im Voraus beim Visitor Centre reserviert werden.

Hotel

Whitman Inn, 12389 Highway 8, Kempt, Tel. 902/682-2226, www.whitmaninn. com. Sehr freundliches, stilvolles und zudem einziges Bed & Breakfast am Nationalpark.

38 Windsor

Historisches und Kurioses liegen hier dicht beieinander.

Windsor nimmt für sich in Anspruch, das Eishockey erfunden zu haben. Um 1800 entwickelten die Schüler des King´s College, der ersten kanadischen Bildungseinrichtung dieser Art, das Spiel, indem sie auf den zugefrorenen Seen von Windsor mit Holzstöcken einem Ball hinterherjagten. Sie nannten das Spiel ›Ice Hurley.‹ Kurz darauf übernahmen Soldaten des Fort Edward das Spiel und brachten es nach Halifax. Von dort verbreitete sich Eishockey von Jahr zu Jahr weiter nach Westen, bis es im 19. Jh. zum kanadischen Nationalsport avancierte.

Zu den größten touristischen Attraktionen von Windsor gehört die **Fort Edward National Historic Site** (Juli/Aug. Mo–Sa 10–18, So 12–16 Uhr) mit dem 1750 entstandenen ältesten Blockhaus Kanadas. Die einstige Befestigung diente ursprünglich als Fluchtburg für die Akadier.

Zwei Museumshäuser im Ort – das **Haliburton House** und das **Shand House** (beide Juni–Mitte Okt. Mo–Sa 10–17, So 13–17 Uhr) – geben Einblick in das Alltagsleben des Bürgertums im 19. Jh.

ℹ Praktische Hinweise

Hotel
Inn On The River, 3857 Riverside Dr. E., Windsor, Tel. 519/945-21 10. Stilvolles Bed & Breakfast am Belle Isle Park.

Indian Summer am Mersey River im Kejimkujik National Park

In guten Händen: junge Sumpfschildkröten im Kejimkujik National Park

Restaurant
Cocoa Pesto, im Woodshire Inn, 494 King Street, Windsor, Tel. 902/472-33 00. Regionale Küche auf sehr hohem Niveau.

39 Cabot Trail

Eine der schönsten Panoramarouten der Welt.

Der dritte Rundkurs Nova Scotias, der Cabot Trail auf Cape Breton Island, ist der berühmteste der Provinz. Er durchquert eine Landschaft von herber Schönheit: Wild zerklüftete **Klippen** und **Moore**, einsame **Dörfer** und große dunkle **Wälder** wechseln einander ab. Die Menschen, die hier leben, pflegen die Traditionen und Bräuche ihrer schottischen, englischen und französischen Vorfahren besonders intensiv und authentisch.

Benannt ist der Cabot Trail nach John Cabot (Giovanni Caboto), dem in Genua geborenen Seefahrer, der im Dienste des englischen Königs etwa zur selben Zeit wie Kolumbus die Neue Welt erforschte und am 23. Juni 1497 auf Cape Breton Island stieß. Er hielt das Land für Asien und nahm es vorsichtshalber für die englische Krone in Besitz.

Beliebter Ausgangspunkt für eine Rundfahrt auf dem Cabot Trail, der im nördlichen Teil der Insel auch durch den Cape Breton Highlands National Park führt, ist **Baddeck**. Der schicke Ferienort am Bras d'Or Lake, einem riesigen Salzwassersee, der zugleich von fünf größeren Flüssen gespeist wird, bietet viele Wassersportmöglichkeiten sowie einen

spannenden Einblick in die Lebensge-
schichte eines bedeutenden Forschers:
Der 1847 im schottischen Edinburgh geborene Erfinder des ersten brauchbaren
Telefons, Alexander Graham Bell, lebte
zeitweise in Baddeck und verbrachte auch
nach seiner Übersiedlung in die USA jeden Sommer mehrere Monate in seinem
kanadischen Ferienhaus. In dem ein-
drucksvollen Museum **Alexander Graham
Bell National Historic Site** (Chebucto
Street, Mai tgl. 9–17, Juni tgl. 9–18, Juli–
Mitte Okt. tgl. 8.30–18 Uhr, sonst nach
Vereinbarung) sind zahlreiche Fotos sowie Original-Inventar und nachgestellte
Experimente zu inspizieren.

ℹ Praktische Hinweise

Hotels

****Auberge Gisele's Country Inn**, 387
Shore Road, Baddeck, Tel. 902/295-28 49,
www.giseles.com. Haus mit gehobenem
Komfort und familiär-freundlicher Atmosphäre, gutes Restaurant mit Blick auf
den Bras d'Or Lake.

****Inverary Resort**, 368 Shore Road,
Baddeck, Tel. 902/295-35 00,
www.capebretonresorts.com/inverary.
Resort-Hotel, das ganz auf Golf, Segeln
und Wandern setzt (geöffnet Mai–Dez.).

***Silver Dart Lodge**, 257 Shore Road,
Baddeck, Tel. 902/295-23 40,
www.maritimeinns.com. Hotelanlage
mit Blick auf den Bras d'Or Lake.

Restaurant

Bell Buoy Restaurant, 536 Chebucto
Street, Baddeck, Tel. 902/295-25 81.
Genuss von Hummer und Fisch mit Blick
auf den Hafen des Ferienortes.

40 Cape Breton Highlands National Park

*Atemberaubende Ausblicke auf
Steilküsten bietet der älteste
Nationalpark an der kanadischen
Atlantikküste.*

Nordöstlich von **Cheticamp** beginnt der
bereits 1936 gegründete und damit älteste Nationalpark der kanadischen Atlantikprovinzen. Der Cape Breton Highlands
National Park erstreckt sich auf einer Flä-

*Zu den schönsten Panoramarouten Nord-
amerikas gehört der Cabot Trail*

Auf der gut 100 km langen Fahrt bis zum Endpunkt **Ingonish** auf der Ostseite der Halbinsel bekommt man von Flora und Fauna natürlich weniger zu sehen als auf ausgedehnten Wanderungen oder Mountain-Bike-Touren. Dabei ist auch die Chance groß, Elche, Greifvögel und Biber zu beobachten.

Hinter **Pleasant Bay** erklimmt die Straße die 445 m zum North Mountain. Dort kann man eine Wanderung durch das Tal des Aspy River bis zu den Wasserfällen von Beulach Ban machen, wo Gelegenheit zum Picknick besteht.

Der nördlichste Punkt des Cabot Trail heißt **Cape North**. Gut ausgebaute Loipen rund um den Ort locken während der kalten Jahreszeit Wintersportler an. Wer von hier aus eine Fahrt außerhalb des Parkareals entlang der Küste nach Norden macht, wird durch reizvolle Ausblicke auf die Uferlandschaft und malerische kleine Fischerorte belohnt. Mit etwas Glück sichtet man sogar Seehunde und Wale.

ℹ Praktische Hinweise

Camping

Die Campgrounds im Nationalpark sind über Parks Canada zu reservieren: Tel. 450/505-83 02

che von knapp 1000 km². Von der sich auf und ab windenden Straße ergeben sich immer wieder herrliche Ausblicke auf Steilküsten, die zu einem Fotostopp einladen.

Bei Ingonish läuft der Cape Breton Highlands National Park in einer schmalen Landzunge aus

41 Glace Bay

Von hier aus gelang Marconi 1902 die erste drahtlose transatlantische Nachrichtenübermittlung.

Hauptattraktion von Glace Bay, einer kleinen Hafenstadt an der Ostküste mit rund 22 000 Einwohnern, ist ein technisches Denkmal: Am Table Head befindet sich die **Marconi Station** (Juni–Mitte Sept. tgl. 10–18 Uhr), eine historische Stätte, die aus einem Visitor Centre sowie den Überresten jenes Gebäudekomplexes besteht, von dem aus Guglielmo Marconi kurz vor Weihnachten 1902 die erste drahtlose Nachrichtenübermittlung über den Atlantik gelungen ist.

Lohnend ist außerdem noch ein Besuch des **Miner's Museum** (www.miners museum.com, Juni–Aug. Mi–Mo 10–18, Di 10–19, Sept./Okt. tgl. 10–18, Nov.–Juni Mo–Fr 9–16 Uhr), in dem man Wissenswertes über die Förderung von Steinkohle erfährt. Im Gebiet um die nahe Stadt Sydney wurde dieser Bodenschatz bereits im frühen 18. Jh. gefördert.

i Praktische Hinweise

Hotel
**Innkeeper's Café Bed & Breakfast, 253 York Street, Glace Bay, Tel. 902/849-08 86. Einfache Zimmer.

42 Fort Louisbourg

Die größte Befestigungsanlage Kanadas spiegelt den früheren Antagonismus von Briten und Franzosen wider.

Auf dem Marconi Trail an kleinen Fischerdörfern vorbei erreicht man rund 80 km südlich von Glace Bay die weitläufige **Fort Louisbourg National Historic Site** (Mitte Mai–Ende Juni und Sept.–Mitte Okt. tgl. 9.30–17, Juli/Aug. tgl. 9–17.30 Uhr). Die detailgetreu rekonstruierte Befestigungsanlage ist die größte ihrer Art in Kanada und der wichtigste touristische Magnet in den Atlantikprovinzen. Mancher Besucher fühlt sich hier ins 18. Jh. zurückversetzt.

Einfach Spitze: Klöpplerin im Fort Louisbourg

Der **Bau** des Forts war das Ergebnis des erbitterten Widerstreits zwischen Briten und Franzosen in der Neuen Welt. 1719 begann Frankreich mit der Errichtung der Anlage, die den Zugang zum St.-Lorenz-Strom und nach Québec sichern sollte. An der Festung, die vor allem der Seeverteidigung diente, bauten die Franzosen bis 1744. In den Jahren 1745 und 1758 belagerten die Engländer das Fort jeweils für Wochen, um es dann beide Male einzunehmen. Nach der ersten Niederlage erhielten die Franzosen das Kommando über das Fort und bekamen die kleine Stadt durch den Frieden von Aachen zurück. Die zweite Eroberung durch englische Truppen bedeutete das endgültige Aus: Fort und Siedlungsgelände wurden vollständig geschleift. 1961 begannen **Rekonstruktion** und Ausgrabungsarbeiten. Heute bietet sich das Areal dem Besucher als ›living history‹ dar, die in Nordamerika äußerst beliebte Mischung aus Spektakel und historischem Ambiente.

In den zahlreichen **Holzgebäuden** – die Bandbreite reicht von Soldatenunterkünften über Handwerksbetriebe bis zum Hafentor – vermitteln Laiendarsteller einen Eindruck vom französisch geprägten Lebensstil in Kanada um die Mitte des 18. Jh.

Ein **Museum** zeigt Ausgrabungsfunde sowie ein eindrucksvolles Modell der gesamten Anlage. Außerdem laden einige in den Holzhäusern eingerichtete, recht urige **Restaurants** zur Einkehr ein. Hier können Gäste viele Gerichte probieren, die nach Originalrezepten aus dem 18. Jh. zubereitet werden.

ℹ Praktische Hinweise

Information

Tourist Information, am Besucherzentrum, Louisbourg, Tel. 902/733-22 80

Hotel

******Louisbourg Harbour Inn**, 9 Lower Warren Street, Louisbourg, Tel. 902/733-32 22, www.louisbourgharbourinn.com. Gepflegtes B & B in einem 100 Jahre alten Kapitänshaus mit schönem Blick auf die Bucht.

Der Schottenrock ist Dienstkleidung in der größten Festungsanlage Kanadas

Neufundland –
Geheimtipp für Individualisten

›Terra Nova‹ nannte John Cabot die **Insel**, auf die er am 24. Juni 1497 auf seiner ersten Entdeckungsreise stieß. Fünf Jahre später wurde erstmals der Name **Neufundland** verwendet. Seit 1949 bildet das Eiland zusammen mit der mehr als dreimal größeren Halbinsel **Labrador** auf dem Festland die östlichste Provinz und das jüngste Beitrittsgebiet der kanadischen Konföderation. Mehr als 90 % der insgesamt gut 500 000 Menschen sind Insulaner, die 15 km schmale Strait of Belle Isle trennt die beiden Landesteile.

Nach dem Zusammenbruch der Kabeljaufischerei in den 1990er-Jahren setzen die Insulaner auf den Tourismus. Besucher kommen überwiegend wegen der rauen, **wildschönen Natur**, in der man tagelang wandern kann, ohne einer Menschenseele zu begegnen, dafür aber gute Chancen hat, Elche und Bären zu beobachten. Die Küstengewässer von Neufundland sind vor allem ein Paradies für Walbeobachter. Im Juni und Juli ist die Wahrscheinlichkeit besonders groß, Finn- oder Buckelwale zu sichten. Im Frühjahr tauchen an der Nordostküste **Eisberge** auf, die durch den Labrador-Strom nach Süden treiben: ein einzigartiges Schauspiel.

Im Landesinneren wechseln sich Heide-, Wald- und Sumpflandschaften ab, bieten stets ein neues Bild unberührter Erde. Gut 800 m hoch hinauf geht es zu den Gipfeln der langgezogenen Gebirgskette der **Long Range Mountains**, die sich entlang der Insel-Westküste erstrecken. In ihrem Zentrum befindet sich einer der Höhepunkte einer Neufundland-Reise, der **Gros Morne National Park**. Weitere unvergessliche Ziele sind der **Terra Nova National Park** im Osten und die Wikingersiedlung **L'Anse-aux-Meadows** am Nordzipfel der Insel, wo Wikinger bereits vor 1000 Jahren eine Siedlung errichteten. Wem es in der Natur dann doch zu einsam wird, der sollte seine Ferien mit einem Besuch der Hauptstadt **St. John's** auf der Avalon-Halbinsel abrunden.

Der Labrador-Strom treibt arktische Eisberge an den Küsten Neufundlands vorbei

43 Channel-Port-aux-Basques

Der wichtige Fährhafen stellt die Verbindung zur Außenwelt her.

Wer mit dem Auto nach Neufundland reist, verlässt in Channel-Port-aux-Basques die **Fähre** aus North Sydney/Nova Scotia – die einzige ganzjährige Verbindung vom Festland über das Wasser.

Die ersten Siedler, die sich im 16. Jh. hier niederließen, kamen aus dem Baskenland und waren überwiegend Fischer. Noch heute ist die Fischindustrie Haupterwerbszweig dieses Städtchens, auch wenn sie – wie überall in der Region – seit längerem in einer tiefen Krise steckt.

Das lokale **Gulf Museum** (118 Main Street, Juli–Sept. tgl. 9–21 Uhr) stellt Fundstücke aus Wracks sowie alte Navigationsinstrumente und ein aus dem Jahre 1628 stammendes Astrolabium aus, einen von nur drei in Kanada erhaltenen Sternhöhenmessern.

ℹ Praktische Hinweise

Information

Visitor Information Centre, Port-aux-Basques, Tel. 709/695-22 62, www.mmzc.com

Hotels

***Hotel Port aux Basques**, 1 Grand Bay Road, Port-aux-Basques, Tel. 709/695-21 71, www.hotelpab.com. Ganzjährig geöffnetes Hotel in der Nähe des Fährhafens mit 50 Zimmern und gutem Restaurant.

****Caribou Bed & Breakfast**, 42 Grand Bay Road, Port-aux-Basques, Tel. 709/695-34 08, www.bbcanada.com/2225.html. Freundliches Haus mit bescheidenem Komfort.

UNESCO-Welterbe ist die wildromantische Landschaft des Gros Morne National Park

44 Corner Brook

> *›Regionalhauptstadt‹ der Westküste an der Mündung des Lachsflusses Humber River.*

Das am Transcanada Highway gelegene Corner Brook hat rund 25 000 Einwohner und ist somit die zweitgrößte Stadt Neufundlands. Ihr nicht sehr attraktives Wahrzeichen ist eine gigantische Papierfabrik, die als eine der bedeutendsten in Nordamerika seit den 1920er-Jahren produziert.

Corner Brook hat nicht viele Sehenswürdigkeiten, abgesehen vom **Arts and Culture Centre** (www.artsandculturecentre.com, Mo–Sa 12–18, bei Veranstaltungen bis 20.30 Uhr), das mit einem vielfältigen Event-Programm und Ausstellungen zur Geschichte und Entwicklung der Region aufwartet.

Vor allem bei Anglern berühmt ist jedoch der an Lachsen reiche **Humber River**, der hier in den Humber Arm mündet. Ansonsten wird die Stadt eher als Service-Station angesteuert, in der sich der Abenteuerurlauber mit allem Nötigen für die Reise eindecken kann.

Ausflug

Knapp 15 km östlich erstreckt sich ein recht ausgedehntes Skigebiet: **Marble Mountain**, die einzige erschlossene Wintersportregion der Provinz. Sowohl Langlaufloipen als auch Abfahrtspisten ziehen die Ski-Freunde an.

i Praktische Hinweise

Information

Tourist Information, 15 Confederation Drive, Corner Brook, Tel. 709/639-97 92, www.cornerbrook.com

Hotels

***Glynmill Inn, 1B Cobb Lane, Corner Brook, Tel. 709/634-51 81, www.glynmillinn.ca. Attraktives Landhotel im Tudor-Stil mit 81 Zimmern.

***Greenwood Inn, 48 West Street, Corner Brook, Tel. 709/634-53 81, www.greenwoodcornerbrook.com. Zentral gelegen mit modernen Zimmern.

Restaurant

Wine Cellar, 1 Cobb Lane, Corner Brook, Tel. 709/634-51 81. Herzhafte Küche und gute Weine im Glynmill Inn.

45 Gros Morne National Park

> *Paradies für Wanderer und Refugium für zahlreiche Tier- und Pflanzenarten.*

Der Gros Morne National Park, von der UNESCO 1988 in die Liste des Weltnaturerbes aufgenommen, erstreckt sich über eine Fläche von 1805 km^2 und erreicht seinen höchsten Punkt mit dem Gipfel des Gros Morne Mountain bei 806 m. Radfahrer und vor allem Wanderer brauchen meist nicht lange zu warten, bis sie auf Elche oder Bären treffen. Daneben sind hier Füchse, Karibus und vor allem Hunderte von Vogelarten, darunter Seeadler, heimisch. Nicht selten kommen Elche sogar bis an den Straßenrand, um dort friedlich zu grasen. Autofahrern ist daher besondere Vorsicht anzuraten.

Den südlichen Zugang zum Park erreicht man auf dem Viking Trail (Hwy 430) kurz hinter Wiltondale.

Eingebettet in die spektakuläre Landschaft des Nationalparks liegen so malerische Fischerdörfchen wie **Woody Point**, das seinen ursprünglichen Charakter bis heute bewahrt hat, und **Rocky Harbour** mit dem weithin sichtbaren, weiß gestrichenen *Lobster Cove Head Lighthouse* (Ende Mai–Mitte Okt. tgl. 10–17.30 Uhr).

Zu den Höhepunkten des Nationalparks zählt eine Bootsfahrt auf dem in der Nähe von Sally's Cove gelegenen **Western Brook Pond**. Von der Ortschaft führt ein Wanderweg bis zum Rand des Sees, wo im Sommer mehrmals täglich Ausflugsschiffe ablegen. Die Szenerie entfaltet sich wie in einem norwegischen Fjord. Auf 16 km Länge gräbt sich das Wasser in die Schlucht, die an manchen Stellen von bis zu 500 m hohen Steilwänden begrenzt wird. Da in Neufundland neblige Tage nicht ungewöhnlich sind,

Karibu (Rangifer Tarandus) im Gros Morne National Park, dem zweitgrößten der Provinz

sollte man genügend Zeit zum Umdisponieren mitbringen, damit die reizvolle Bootstour sich nicht buchstäblich im Nichts auflöst.

Angelfreunden seien die zahlreichen **Lachsflüsse** empfohlen, die sich im Gros Morne National Park befinden.

Ausflug

Der Viking Trail führt nach Verlassen des Nationalparks weiter nach Norden. Bei Port Saunders lohnt der Besuch der **Port aux Choix National Historic Site** (Juni–Anfang Okt. tgl. 9–18 Uhr), wo in den 1960er-Jahren bei Bauarbeiten menschliche Knochen, Schmuck und Waffen zutage kamen. Wissenschaftler datieren die Fundstücke mindestens ins Jahr 2300 v. Chr. und ordnen sie Indianern und Inuit der Frühzeit zu. Die bedeutendsten Ausgrabungsfunde sind im Visitor Centre zu besichtigen.

ℹ Praktische Hinweise

Information

Visitor Centre Gros Morne National Park, an der Straße 430, 3 km südlich von Rocky Harbour, Tel. 709/458-24 17, www. pc.gc.ca, Mai Mo–Fr 9–16, Juni, Sept. und Okt. tgl. 9–17, Juli/Aug. tgl. 9–21 Uhr.

Hotels

*****Aunt Jane's Place**, Woody Point, Tel. 709/453-24 85, www.grosmorne. com/victorianmanor. Familiäre Atmosphäre, fünf geschmackvolle Zimmer und ein Sample-Room, ein früherer Kolonialwarenladen, der heute ein Antiquitätengeschäft ist.

*****Ocean View Motel**, Rocky Harbour, Tel. 709/458-27 30, www.theoceanview.ca. Mittelklasse-Hotel in zentraler Lage im Gros Morne National Park.

*****Sugar Hill Inn**, Norris Point, nahe des Scenic Lookout, Tel. 1-888/299-21 47, www.sugarhillinn.nf.ca. Country Inn im skandinavischen Stil.

Camping

Mehrere Campgrounds, frühzeitig zu reservieren bei Parks Canada, Tel. 450/505-83 02.

Restaurant

Lighthouse Restaurant, Woody Point, Tel. 709/453-22 13. Nur während der Sommersaison geöffnet, bietet gute Hummer- und Seafood-Gerichte.

46 L'Anse-aux-Meadows

TOP TIPP

Hier steht der steinerne Beweis, dass die Wikinger vor Kolumbus Amerika entdeckten.

An der äußersten Nordspitze der Insel, am Ende der Straße Nr. 430, liegt die berühmte Ausgrabungsstätte L'Anse-aux-

Meadows National Historic Site. Bis heute sind die hier entdeckten archäologischen Funde die einzigen sichtbaren Beweise dafür, dass **Wikinger** lange vor Kolumbus die Neue Welt entdeckten.

Vermutlich wurden Leif Erikson und seine 35 Männer um das Jahr 1000 auf ihrem Weg nach Grönland durch einen Sturm abgetrieben und landeten so in

Kühle Schönheiten: Eisberge bei Fogo Island vor der Nordostküste Neufundlands

Neufundland. Bei einer der folgenden Exkursionen wurde das erste weiße Kind, Snorri, in der Neuen Welt geboren. Bereits im Jahre 986 soll der Wikinger Bjarni Herjolfsson die Küsten Labradors und Neufundlands zumindest von Bord eines Schiffes aus gesichtet haben. Auf seine Berichte stützte sich später Leif Erikson.

Die UNESCO hat die archäologische Stätte 1978 in ihre Liste des Weltkulturerbes aufgenommen. Die **Siedlung** (Juni–Anfang Okt. tgl. 9–18 Uhr) wurde mit großem Aufwand rekonstruiert und vermittelt dem Besucher einen authentischen Eindruck vom Leben der Wikinger vor rund einem Jahrtausend.

ℹ️ Praktische Hinweise

Information

Visitor Centre L'Anse-aux Meadows, St-Lunaire-Griquet, Tel. 709/623-26 08.

47 Notre-Dame-Bay

Malerische Bucht mit zahlreichen kleinen Inseln.

Die Küstenregion rund um die Notre-Dame-Bay ist einer der landschaftlichen Höhepunkte Neufundlands. Zahlreiche kleine Dörfer säumen die Uferlinie, eingenistet in kleine Buchten oder zwischen felsigen Klippen.

Die größte Stadt an der Küste ist **Lewisporte**, wo vor allem das *Museum by the Bay* (Mai–Aug. tgl. 9–17 Uhr) einen Besuch lohnt. Hier erhält man einen Einblick in den harten Alltag der Menschen des 19. und frühen 20. Jh. Ferner werden Exponate der Beothuck-Indianer sowie Schiffsbaupläne aus dem 19. Jh., z. B. Entwürfe der Jachten für König George III. und den Prinzen von Dänemark, präsentiert.

50 km nördlich liegt der Ort Twillingate. Im Sommer können vom nahen **Long Point Lighthouse** gewaltige Eisberge gesichtet werden, die nach Süden treiben. Mit etwas Glück sieht man auch Wale in der Notre-Dame-Bay.

Östlich von Twillingate befinden sich die beiden Inseln **Change Islands**. Dort scheint die Zeit stehen geblieben zu sein, denn vieles erinnert noch an die Anfänge der Besiedlung im 18. Jh. Nur wenige Fahrzeuge tauchen in diesem altmodischen Idyll auf, denn die ersten Autos wurden erst 1965 auf dem abgeschiedenen Eiland registriert.

Auf den Spuren der Wikinger

Auf der Suche nach dem sagenhaften **Vinland**, von dem in skandinavischen Legenden berichtet wird, machten sich norwegische Forscher Anfang der 1960er-Jahre auf den Weg nach Neufundland. Die Wissenschaftler um das Ehepaar **Helge** und **Anne Stine Ingstad** fanden schließlich bei L'Anse-aux-Meadows Siedlungsspuren der **Wikinger**: Überwucherte Mauerreste von Häusern und Relikte von Werkstätten. Den entscheidenden Hinweis hatten die Forscher von einem ortsansässigen Fischer bekommen, der die Siedlungsreste ursprünglich für ein altes Indianer-Camp der Beothuck gehalten hatte.

Die östlich benachbarte Insel **Fogo Island** besticht die durch ihre ausgedehnten Sandstrände und die vielen neufundländischen Ponys, die während der Sommermonate überall grasen.

48 Gander

Früher Luftverkehrsknotenpunkt, heute beschauliches Provinznest.

Die große Zeit der Stadt Gander liegt weit zurück, war der Aufschwung doch mit dem Ausbruch des Zweiten Weltkrieges und der Entwicklung des zivilen transatlantischen Luftverkehrs eng verbunden. Damals verliefen die alliierten Nachschubverbindungen über die neufundländische Stadt Richtung Europa. Tausende von startenden und landenden Militärflugzeugen brachten Waffen und Verpflegung an die europäische Front. An jene Zeit erinnert heute nur noch der *Commonwealth War Graves Commission Cemetery* östlich von Gander.

Mit der Geschichte der Luftfahrt beschäftigt sich das **North Atlantic Aviation Museum** (Juli/Aug. tgl. 9–18, sonst bis 17 Uhr) am internationalen Flughafen, der bis in die 1980er-Jahre ein wichtiger Zwischenstopp für die Zivilluftfahrt war. Zahlreiche Maschinen mit interkontinentalen Destinationen wurden hier aufgetankt. Im Zeitalter moderner Großraumjets mit größeren Reichweiten sind Ganders bedeutende Luftfahrtzeiten jedoch endgültig vorbei.

ℹ Praktische Hinweise

Hotels

***Hotel Gander**, 100 Transcanada Highway, Tel. 709/256-39 31, www.hotelgander. com. 152 Zimmer und Suiten. Kinder unter 12 wohnen im Zimmer der Eltern umsonst. Mit Restaurant.

Weiße Riesen

Gigantische Gebilde von oft überraschend bizarrer Form treiben im Frühjahr an Neufundlands Ostküste vorbei Richtung Süden und bieten einen immer wieder faszinierenden Anblick. Die **Eisberge** brechen im hohen Norden von Gletschernasen ab, die sich ins Meer vorschieben, oder vom Inlandeis, andere der weißen Riesen entstehen durch das Auftürmen von Packeis. Ihre Schwimmfähigkeit verdanken sie dem Umstand, dass Eis eine geringe Dichte als Wasser hat.

Eisberge können ohne weiteres mehrere Quadratkilometer groß werden, und die Strömung treibt sie mitunter bis zum 40. Breitengrad. Nur etwa ein Zehntel ihrer Masse liegt über der **Wasseroberfläche**, was eine erhebliche Gefahr für den Schiffsverkehr darstellt. Der Untergang der als unsinkbar geltenden **Titanic** im April 1912 ging auf den Zusammenstoß mit einem Eisberg im Nordatlantik zurück. Mehr als 1500 Menschen verloren damals ihr Leben, eine Katastrophe, die weltweit Entsetzen auslöste.

Eine besondere Eigenart der Eisgiganten ist ihre **Unberechenbarkeit**: Durch das allmähliche Abschmelzen auf dem Weg nach Süden kann sich der Schwerpunkt des Eisberges verändern – mit dem Resultat, dass die gewaltige Masse umkippt.

**Irving West Hotel, 1 Caldwell Street, Gander, Tel. 709/256-24 06, www.steele hotels.com. Gehobenes Mittelklasse-Hotel mit 62 Zimmern und Pool.

49 Terra Nova National Park

Urwüchsige Natur und eine Vielzahl von Rundwanderstrecken unterschiedlichen Schwierigkeitsgrades.

Rund 60 km südöstlich von Gander liegt der Terra Nova National Park, nach Gros Morne das zweitgrößte Schutzgebiet in Neufundland. Der Highway 1 durchquert den Park in nord-südlicher Richtung. **Visitor Centres**, in denen Touristen sich mit Informationen und Kartenmaterial eindecken können, befinden sich an beiden Ein- bzw. Ausgängen bei Glovertown sowie Twin Rivers.

Wanderer können zwischen 16 unterschiedlich anspruchsvollen Wegstrecken auswählen, die vom einstündigen Rundkurs bis zum Ganztagsausflug reichen. Mit etwas Glück bieten sich gute Gelegenheiten zur Tierbeobachtung. Elche, Karibus und Schwarzbären sowie kleineres Wild sind zahlreich im Terra Nova National Park vertreten. Des weiteren sollte man sich Aussichtspunkte wie den **Bluehill Pond Lookout** nicht entgehen lassen.

Zwei ruhige kleine Orte liegen am Rand des Nationalparks: **Terra Nova** und das auf den Tourismus eingestellte Dorf **Charlottetown** am Clode Sound. Hier kann man Boote mieten, und in der Umgebung gibt es gute Angelmöglichkeiten.

Ausflug

Ein unbedingt lohnender Abstecher führt vom Südende des Nationalparks rund 60 km Richtung Osten zum **Cape Bonavista** auf der gleichnamigen Halbinsel. Einer Überlieferung zufolge soll der in englischen Diensten stehende italienische Entdecker John Cabot 1497 an dieser Stelle zum ersten Mal Land gesichtet und dem Ort den Namen ›Schöne Aussicht‹ gegeben haben. Der 500. Jahrestag seiner Landung wurde 1997 überall in Neufundland – besonders aber in Bonavista – groß gefeiert.

Ziel eines Besuchs ist der berühmte, 1843 errichtete Leuchtturm. Das weithin sichtbare Gebäude ist äußerst dekorativ rot und weiß gestrichen und dient heute als *Museum* (geöffnet Mai–Okt.), in dem

Wie im Jahr 1870 präsentiert sich heute wieder der Leuchtturm am Cape Bonavista

das einsame Leben eines Leuchtturm-
wärters im 19. Jh. nachgestellt wird.

ℹ Praktische Hinweise

Information
Visitor Centre, Salton's Brook,
Tel. 709/533-28 01, Ende Mai–Ende Juni
und Sept.–Mitte Okt. tgl. 10–17, Ende
Juni–Aug. tgl. 9–19 Uhr.

Hotels
********Terra Nova Golf Resort**, Port Bland-
ford, Tel. 709/543-25 25, www.terranova
golf.com. Elegantes Golf-Hotel mit
18-Loch-Platz.

50 St. John's

*Östlichste Stadt des nordamerikani-
schen Kontinents.*

St. John's ist mit knapp 100 000 Einwohnern die größte Stadt Neufundlands und
versammelt in ihrem Einzugsgebiet nahezu ein Drittel der Provinzbevölkerung.
Einen Teil ihrer Bedeutung verdankt die
auf der Avalon-Halbinsel gelegene Stadt
der Tatsache, dass ihr weiträumiger
Naturhafen das ganze Jahr über eisfrei ist.
Benannt wurde St. John's nach John
Cabot, der 1497 auf seiner Fahrt in englischem Auftrag entlang der kanadischen
Ostküste Neufundland sichtete.

Die Stadt verfügt über eine Universität,
ist anglikanischer und katholischer Bischofssitz und Zentrum der Fischerei-Industrie sowie des Schiffbaus. An der City
Hall beginnt der Transcanada Highway,
der bis zum Pazifik führt.

Geschichte   1497 soll John Cabot in die
Conception Bay, an der St. John's liegt,
gesegelt sein. Darüber gibt es jedoch
keine schriftlichen Aufzeichnungen.

Zu Beginn des 16. Jh. nutzten europäische Fischer die geschützte Bucht für
Reparaturarbeiten und zum Trocknen
von Stockfisch. Aus dem zunächst nur
saisonalen Aufenthaltsort entwickelte
sich langsam eine Siedlung, um deren
Besitz sich Franzosen und Engländer im
17. und 18. Jh. diverse Kämpfe lieferten. Im
Frieden von Paris wurde St. John's 1763
schließlich endgültig den Briten zugesprochen.

Für das 19. Jh. verzeichnet die Chronik
zum einen den stetigen wirtschaftlichen
Aufschwung, zum anderen legten ver-
heerende Feuer die Stadt mehrmals in
Schutt und Asche. Nach dem letzten
Großbrand 1892 wurde das weitgehend
zerstörte St. John's vollständig wiederauf-

gebaut. Als älteste Stadt Nordamerikas ist St. John's daher heute nur noch in wenigen Straßenzügen zu erkennen.

Während im Stadtkern noch einiges an alter viktorianischer Bausubstanz erhalten ist, bestimmen die modernen Universitäts- und Verwaltungsgebäude der Provinzhauptstadt die Architektur außerhalb des Zentrums. Da die Sehenswürdigkeiten von St. John's relativ weit auseinander liegen, empfiehlt sich eine Rundfahrt mit dem Auto.

TOP TIPP Als Ausgangspunkt einer Stadtbesichtigung bietet sich das zentral gelegene **The Rooms** (9 Bonaventure Avenue, www.therooms.ca, Juni–Mitte Okt. Mo/Di, Do–Sa 10–17, Mi 10–21, So 12–17, sonst Di, Do–Sa 10–17, Mi 10–21, So 12–17 Uhr) an. Das postmoderne Gebäude von 2005 erhebt sich dort, wo einst das Fort Townshend stand, und beherbergt neben dem Kunstmuseum und dem Archiv der Provinz das Newfoundland Museum. Dieses konzentriert sich, unter besonderer Berücksichtigung der indianischen Kultur der Beothuck-Indianer, auf die regionale Geschichte. Außerdem eröffnen sich dem Besucher von hier immer wieder wunderbare Blicke über den Ort und das Meer.

An der Military Road steht die **Basilica of St. John the Baptist**, die bedeutendste Kirche der Stadt. Die dreischiffige Basilika wurde 1855 aus Granit erbaut. In ihren beiden Türmen befinden sich insgesamt neun Glocken, darunter die 2 t schwere St. John's Bell. Im Inneren der Kirche beeindrucken reiche Blattgoldverzierungen. Das angeschlossene *Museum* (Juni–Sept. tgl. 10–17 Uhr) befasst sich mit der Kirchengeschichte.

Der Military Road folgend, erreicht man das **Colonial Building**, in dem zwischen 1850 und 1960 die Regierung von Neufundland residierte.

Das **Commissariat House** (King's Bridge Road, Juni–Okt. tgl. 10–17.30 Uhr) ist eines der wenigen Gebäude, das die Stadtbrände überstanden hat. Es wurde 1818–21 im georgianischen Stil für den Zahlmeister der britischen Truppen errichtet und zeitgenössisch ausgestattet. Angestellte in historischen Kostümen führen die Besucher durch das Haus.

Abseits des Zentrums, an der Allandale Road, liegt das **Arts and Culture Centre**, das anlässlich des 100. Geburtstages Kanadas 1967 entstand. In dem Komplex ist u.a. ein Theater untergebracht.

Am Prince Philip Drive beginnt das 1300 ha große Gelände des **Pippy Park**, dessen ausgedehnte Grünanlagen Freizeitvergnügen für Jogger, Spaziergänger, Picknickfreunde, Golfer und im Winter auch für Skilangläufer bieten. Moderner Blickpunkt ist das *Confederation Building*, das aus dem zwölfstöckigen Ostflügel des House of Assembly und dem niedrigeren, erst Mitte der 1980er-Jahre angefügten Westflügel besteht. Auch die Gebäude der Memorial University, an der rund 14 000 Studenten eingeschrieben sind, und der Botanische Garten sowie das *Fluvarium* (Juli/Aug. Mo–Fr 9–17, Sa/So 10–17, sonst Mo–Fr 9–16.30, Sa/So 12–17 Uhr) befinden sich im Pippy Park. Das

Kulturzentrum in postmodernem Gewand: The Rooms thront seit 2005 über St. John's

Fluvarium gewährt durch große Fenster Einblick in den Nagle's Hill Brook, den Nebenfluss des Rennie's River.

Dem östlich gelegenen Stadtteil **Quidi Vidi** sollte man unbedingt einen Besuch abstatten. Seine Ursprünge reichen bis ins Jahr 1700 zurück. Immer noch strahlt er den Charme eines Fischerdorfes aus. Oberhalb des Tales trutzt die *Quidi Vidi Battery* (Juni–Sept. tgl. 10–17.30 Uhr), die die Franzosen nach der Eroberung von St. John's 1762 errichteten. Später haben die Briten die Festung in Besitz genommen und teilweise umgebaut. Heute ist die dem historisch-militärischen Kontext der Zeit um 1812 entsprechend restaurierte Anlage im Sommer von Angestellten in Uniformen der Royal Artillery bemannt.

Historisch besonders bemerkenswert ist die **Signal Hill National Historic Site** an der Signal Hill Road. Ursprünglich diente der Felsen als Signalstation für ankommende Schiffe. In die Geschichte ging jedoch die letzte Schlacht zwischen Franzosen und Engländern in Nordamerika während des Siebenjährigen Krieges ein. Die Festung, die einst über der Stadt thronte, wurde 1812 zerstört. Der **Cabot Tower** (April/Mai, Sept.–Mitte Jan. tgl. 9–17, Mitte Juni–Aug. tgl. 8.30–21 Uhr) auf der Bergspitze entstand 1897 zum 400. Jahrestag der Entdeckungsreise von John Cabot und gilt als eines der Wahrzeichen Kanadas. In seinem Inneren sind einige historische Ausstellungsstücke zu sehen. Einen herrlichen Ausblick auf die Bucht und dort treibende Eisberge (im Frühjahr) oder Wale (im Sommer) bietet sich vom Parkplatz am Cabot Tower. Aber auch in die Technikgeschichte ging der Signal Hill ein: 1901 empfing Guglielmo Marconi das Signal der ersten drahtlosen Nachrichtentransmission aus Europa auf dem danach benannten Hügel.

Ausflüge

11 km südlich von St. John's erreicht man den östlichsten Punkt Nordamerikas: **Cape Spear National Historic Site**. Blickfang ist der auf einem Hügel über dem Meer stehende älteste Leuchtturm der Provinz Neufundland, der heute als *Museum* (Mitte Mai–Mitte Okt. tgl. 10–18 Uhr) dient.

Natives und Inuit

Kaum noch zwei Prozent der kanadischen Bevölkerung gehören zu der Gruppe der **Ureinwohner**. Von den rund 28 Mio. Kanadiern zwischen Pazifik- und Atlantikküste zählen etwa 350 000 bis 400 000 zu den ›Natives‹, wie sich die Indianer nennen, und rund 30 000 zu den Inuit.

Der Begriff Native, vor allem aber der politisch besetzte Ausdruck ›First Nation‹, weist darauf hin, dass die Ureinwohner in den vergangenen Jahrzehnten massiv ihre Rechte gegenüber den Weißen, die erst viel später ins Land kamen, eingeklagt haben.

Erfolge dieser Bestrebungen waren die **verfassungsmäßige Anerkennung** ihrer Rechte durch die Bundesregierung in Ottawa 1982 sowie die seitdem erfolgten Kompensationszahlungen und die Einräumung eines **Autonomiestatus** in ihren Reservaten. Damit verbindet sich ein erhebliches Mitspracherecht insbesondere bei der Ausbeutung von Bodenschätzen, bei der Gewährung von Jagd- und Fischereilizenzen sowie der Entwicklung touristischer Infrastruktur.

Während die meisten Menschen **indianischer Abstammung** in etwa 2200 Reservaten über alle Provinzen verteilt vor allem im hohen Norden des Landes leben, ziehen zahlreiche andere umher oder haben sich in den großen Städten Toronto und Montréal niedergelassen.

Die **Inuit** sind überwiegend in den arktischen Regionen Kanadas, in Labrador sowie an der Hudson Bay in der Provinz Québec zuhause. Auch sie leben zum großen Teil nicht mehr traditionell. Das Fertighaus hat den Iglu längst ersetzt.

Unter den Inuit und den Natives gibt es einige bedeutende **Künstler**, deren Werke heutzutage in vielen Museen und Galerien in Kanada zu bewundern sind.

In Betrieb war er von 1836 bis 1955. Freunde der Ornithologie kommen im **Cape St. Mary's Seabird Sanctuary** voll auf ihre Kosten. Das Seevogelschutzgebiet im Südwesten der Avalon-Halbinsel bietet riesigen Kolonien von Möwen und Sturmvögeln Brut- und Nistreviere.

ℹ Praktische Hinweise

Information

Department of Tourism, 348 Water Street, St. John's, Tel. 709/576-81 06, www.stjohns.ca.

Hotels

****Delta St. John's Hotel and Conference Centre**, 120 New Gower Street, St. John's, Tel. 709/739-64 04, www.deltahotels.com. Luxuriöses Haus in zentraler Lage.

****Monroe House**, 8 A Forest Road, St. John's, Tel. 709/754-06 10, www.monroehouse.nf.ca. Edles B & B mit sechs Zimmern, drei davon im ehemaligen Haus eines Premierministers.

****Sheraton Hotel Newfoundland**, 115 Cavendish Square, St. John's, Tel. 709/726-49 80, www.starwoodhotels.com. Das zweite Spitzenhotel der Stadt.

***The Battery Hotel & Suites**, 100 Signal Hill Road, St. John's, Tel. 709/576-00 40, www.batteryhotel.com. Schöner Blick vom Hügel auf Hafen und Stadt.

Restaurants

Aqua Kitchen and Bar, 310 Water Street, St. John's, Tel. 709/576-27 82. Ausgezeichnete Regionalküche mit Pfiff.

Classic Café East, 73 Duckworth Street, St. John's, Tel. 709/579-44 44. Beliebtes Restaurant-Café mit traditioneller Neufundland-Küche und Seafood.

51 Labrador

Weites, größtenteils unerforschtes Land, Natur und Einsamkeit pur.

Die riesige Landmasse von Labrador ist politisch zwischen den Provinzen Québec und Neufundland aufgeteilt. Der zu Neufundland gehörende Teil ist mit fast 300 000 km^2 beinahe dreimal so groß wie die Insel Neufundland und entspricht knapp der Fläche Deutschlands. Nur 10 % der Provinzbevölkerung lebt in diesem rauen und unwirtlichen Landesteil. Die

Nur per Flugzeug und Schiff ist der Torngat Mountains National Park zu erreichen

meisten Bewohner sind Inuit und Indianer sowie im Bergbau und in der Holzindustrie Beschäftigte, deren Vorfahren aus anderen Teilen der Welt stammen.

Verkehrsverbindungen von Neufundland bestehen nur per Fähre von St. Barbe und St. Anthony, ansonsten reist man per Flugzeug. In **Goose Bay** befindet sich der größte Regionalflughafen, sodass sich der Ort gut als Ausgangspunkt für einen Abenteuertrip eignet, etwa in den Torngat Mountains National Park.

Gut 250 km weiter westlich am Highway 500 liegt der Ort **Churchill Falls**. Er ist nach den großen Wasserfällen benannt, die sich in der Nähe in mehreren Stufen insgesamt 300 m in die Tiefe stürzen.

Diese raue Gegend wartet jedoch nicht nur mit Naturerlebnissen auf, sie hat auch eine einzigartige archäologische Attraktion zu bieten: In **L'Anse Amour** an der Südküste befindet sich die 7500 Jahre alte Grabstätte eines zwölfjährigen Jungen, die älteste ihrer Art in Nordamerika.

Im nur ca. 20 km entfernten **Red Bay** lag im späten 16. Jh. der wichtigste Walfangplatz der Erde: Dort schufteten Hunderte von baskischen Seeleuten in einer frühen Industriesiedlung, um Europas Haushalte mit Öl für die Beleuchtung zu versorgen. 100 Mio. Liter Walöl wurden hier jährlich gewonnen und verschifft. Die *Red Bay National Historic Site* (Mitte Juni– Sept. tgl. 9–18 Uhr) dokumentiert die Entdeckung von drei Segelschiffen der Walfänger aus der Zeit um 1500. Im eisigen Wasser auf dem Meeresgrund vor der Bucht haben sie sich sehr gut erhalten.

Hoch im Norden fühlen sich Besucher des Saglek Fjords im **Torngat Mountains National Park** nach Norwegen versetzt.

ℹ️ Praktische Hinweise

Information

Gateway to Labrador Visitor Centre, Route 510, L'Anse Au Clair, Tel. 709/931 20 13, www.labrador coastaldrive.com, Juni–Sept.

Hotels

***Labrador Inn**, Happy Valley, Goose Bay, Tel. 709/896-33 51, www.labradorinn. nf.ca. Für Labrador richtig komfortabel. 74 Zimmer und Suiten.

Lighthouse Cove Bed & Breakfast, L'Anse-Amour, Tel. 709/927-56 90, http:// lighthousecovebb.labradorstraits.net. Da nur drei Zimmer zur Verfügung stehen, sollte man unbedingt vorbestellen.

Midway Travel Inn, Churchill Falls, Tel. 709/925-32 11. Bescheidene Unterkunft mit 21 Zimmern.

Whaling Station Restaurant and Cabins, Red Bay, 61 East Harbour Drive, Tel. 709/920-21 56. Vier einfache Unterkünfte, über den Ort verteilt.

Kanada aktuell A bis Z

Vor Reiseantritt

ADAC Info-Service:
Tel. 018 05/10 11 12 (0,14 €/Min.)

Unter dieser Nummer und in den ADAC-Geschäftsstellen können ADAC-Mitglieder kostenlos Informations- und Kartenmaterial anfordern.

ADAC im Internet:
www.adac.de
www.adac.de/reisefuehrer

Kanada im Internet:
www.keepexploring.ca

Prospekte und Informationen bei:

Canadian Tourism Commission, c/o Lange Touristik-Dienst, 63477 Maintal, Tel. 018 05/52 62 32 (0,14 €/Min.), canada-info@t-online.de. Kanadas deutsche Tourismusvertretung betreut auch Österreich und die Schweiz.

Ontario Tourism, Lieb Management, Hauptstraße 19 a, 83135 Schechen, Tel. 089/689 06 38 37, info@lieb-management.de, www.ontariotravel.net

Allgemeine Informationen

Reisedokumente

Deutsche, Österreicher und Schweizer benötigen für die Einreise nach Kanada einen zumindest für die Dauer der Reise gültigen **Reisepass**. Wer länger als 90 Tage im Land bleiben möchte, braucht eine Genehmigung der Einreisebehörde.

Krankenversicherung

Der Abschluss einer **Auslandskrankenversicherung** vor Reiseantritt für die Dauer des Aufenthaltes in Kanada ist unerlässlich, da die gesetzliche bzw. private Krankenkasse die in Nordamerika entstehenden Arzt- oder Krankenhauskosten möglicherweise nicht übernimmt.

Hund und Katze

Im **EU Heimtierausweis**, den der Tierarzt ausstellt, muss die Kennzeichnung des Haustieres (durch Mikrochip oder Tätowierung) sowie eine Tollwutimpfung (mind. 30 Tage, max. 12 Monate alt) eingetragen sein. Zusätzlich wird von vielen Fluglinien ein tierärztliches Gesundheitszeugnis verlangt. Weitere Informationen: www.inspection.gc.ca

Zollbestimmungen

Die **Einfuhr** von frischen Lebensmitteln, Pflanzen und landwirtschaftlichen Erzeugnissen ist verboten. Geschenke bis zu einem Wert von 60 Can$ pro Empfänger sind zollfrei. Pro Person dürfen 1,5 l Wein oder 1,1 l Spirituosen oder 8,5 l Bier, 200 Zigaretten oder 200 g Tabak oder 50 Zigarren zollfrei eingeführt werden.

Bei der **Rückreise** liegt der Gesamtwert mitgebrachter Waren oder Geschenke bei 430 € pro Person (ab 15 Jahren) inklusive der Einkäufe im Duty Free Shop. Maximal erlaubt sind 200 Zigaretten oder 100 Zigarillos oder 50 Zigarren oder 250 g Tabak, 50 g Parfum, 1 l Spirituosen mit mehr als 22 % Alkohol bzw. 2 l mit weniger als 22 % Alkohol. Detaillierte Informationen auf www.zoll.de und unter Tel. 03 51/44 83 45 10.

Geld

Die nationale Währung ist der kanadische Dollar (Can$). Die Ein- und Ausfuhr ist in beliebiger Höhe gestattet. Im Umlauf sind Münzen zu 1 Cent, 5 Cents, 10 Cents (dime), 25 Cents (quarter), 1 Dollar und 2 Dollars sowie Banknoten zu 5, 10, 20, 50 und 100 Can$.

Die gängigen **Kreditkarten** werden überall akzeptiert. In den größeren Städten befinden sich zahlreiche Geldautomaten, an denen man mit seiner EC/Maestro- oder Kreditkarte Bargeld abheben kann. **Traveller Checks**, auf kanadische Dollars ausgestellt, genießen eine hohe Akzeptanz.

Tourismusämter im Land

Die kanadischen **Provinzvertretungen** geben gerne Auskunft über die nächstgelegene Anlaufstelle. Die gebührenfreien 1-800-Telefonnummern können allerdings nur innerhalb Nordamerikas (Kanada und Vereinigte Staaten) gewählt werden.

Ontario Tourism, Tel. 1-800/668-27 46, www.ontariotravel.net

Tourisme Québec, Tel. 1-877/266-56 87, www.bonjourquebec.com

New Brunswick Tourism and Parks, Tel. 1-800/561-01 23, www.tourism newbrunswick.ca

Prince Edward Island Tourism, Tel. 1-800/463-47 34, www.gov.pe.ca/visitorsguide

Nova Scotia Department of Tourism and Culture, Tel. 1-800/565-00 00, www.novascotia.ca

Newfoundland and Labrador Tourism, Tel. 1-800/563-63 53, www.newfound landandlabradortourism.com

Die Tourismusämter und Informationsbüros der einzelnen Orte und Nationalparks sind im Haupttext jeweils unter ›Praktische Hinweise‹ aufgeführt.

Notrufnummern

Polizei, Ambulanz, Feuerwehr: Tel. 911

Operator, Telefonauskunft, Vermittlung: Tel. 0 (auch Hilfevermittlung in Notfällen)

CAA (Canadian Automobile Association), 1145 Huntclub Road, Suite 200, Ottawa, Ontario K1V 0Y3, Tel. 613/247-01 17

Pannenhilfe Tel. 1-800/222-43 57 (gebührenfrei, nur in Nordamerika), www.caa.ca

ADAC Notrufstation USA/Kanada: Tel. 1-888/222-13 73 (deutschsprachig)

ADAC-Notrufzentrale München: Tel. 011 49/89/22 22 22 (rund um die Uhr)

ADAC Ambulanzdienst München: Tel. 011 49/89/76 76 76 (rund um die Uhr)

ÖAMTC Schutzbrief Nothilfe: Tel. 011 43/(0)1/2 51 20 00

TCS Einsatzzentrale: Tel. 011 41/(0)2 24 17 22 20

Diplomatische Vertretungen

Deutschland

Kanadische Botschaft, Leipziger Platz 17, 10117 Berlin, Tel. 030/20 31 20, www.kanada.de

Kanadisches Konsulat, Benrather Straße 8, 40213 Düsseldorf, Tel. 02 11/17 21 70

Kanadisches Konsulat, Tal 29, 80331 München, Tel. 089/219 95 70

Österreich

Kanadische Botschaft, Laurenzerberg 2, 1010 Wien, Tel. 01/531 38 30 00, www.kanada.at

Schweiz

Kanadische Botschaft, Kirchenfeldstr. 88, 3005 Bern, Tel. 031/3 57 32 00, www.switzerland.gc.ca

Kanada

Deutsche Botschaft, 1 Waverley Street, Ottawa, Ontario K2P OT8, Tel. 613/232-11 01, www.ottawa.diplo.de

Österreichische Botschaft, 445 Wilbrod Street, Ottawa, Ontario K1N 6M7, Tel. 613/789-14 44, www.aussenministerium.at/ottawa

Botschaft der Schweiz, 5 Marlborough Avenue, Ottawa, Ontario K1N 8E6, Tel. 613/235-18 37, www.eda.admin.ch/canada

Besondere Verkehrsbestimmungen

Tempolimits: auf Highways gewöhnlich 100 km/h, auf Landstraßen 80 km/h und innerhalb geschlossener Ortschaften 50 km/h. Die jeweils gültigen Geschwindigkeitsbegrenzungen werden durch Schilder ausgewiesen.

In Kanada wird generell mit **Abblendlicht** gefahren.

Ampeln befinden sich im Allgemeinen hinter der Kreuzung. Der Verkehr muss bei Rot jedoch an der weißen Haltelinie vor der Kreuzung stehenbleiben. Bei **Stoppschildern** mit dem Zusatz ›4-Way-Stop‹ müssen Verkehrsteilnehmer aus allen Richtungen an der Kreuzung kurz anhalten, bevor sie der Reihenfolge ihrer Ankunft nach weiterfahren.

Schulbusse mit seitlich ausgefahrenem Stoppschild und eingeschalteter Warnblinkanlage dürfen in keiner Fahrtrichtung passiert werden.

Die **Promillegrenze** liegt in New Brunswick und Neufundland bei 0,5, in den anderen Ostprovinzen Kanadas bei 0,8. Für Fahranfänger und Personen unter 21 Jahren gilt 0,0. Angebrochene alkoholische Getränke müssen im Kofferraum deponiert werden.

Bei **Verkehrskontrollen** folgt der Streifenwagen dem vermeintlichen Übeltäter und fordert ihn durch Blinklichter und Sirenengeheul auf, auf dem Seitenstreifen zu halten. Der Fahrer bleibt dann im Auto sitzen und wartet bei geöffnetem Seitenfenster, die Hände gut sichtbar am Lenkrad, bis der Polizist zum Wagen kommt.

Die Straßen in Kanada sind meist nicht durch **Hinweisschilder** mit Ortsnamen, sondern nur durch Nummern sowie die Angabe der Himmelsrichtung ausgewiesen. Zudem sind die Ausfahrten *(Exits)* der Highways durchnummeriert und nicht mit Ortsbezeichnungen versehen. Navigationsgerät und etaillierte *Straßenkarten* sind daher hilfreich.

Sicherheit

Die Kriminalitätsrate in Kanada ist relativ niedrig. Dennoch sollte man, vor allem in den großen Städten, dieselben Vorsichtsmaßnahmen treffen wie zu Hause – möglichst keine wertvollen Schmuckstücke tragen, Bargeld nicht in aller Öffentlichkeit zählen, Handtasche oder teure Fotoausrüstung nicht unbeaufsichtigt stehen lassen.

Gesundheit

Wichtige **Medikamente** sollte man möglichst in ausreichender Menge mitnehmen, da diese in Kanada unter Umständen nicht in gleicher Rezeptur oder Dosierung erhältlich sind.

Netzspannung

Die Netzspannung in Kanada beträgt 110/120 Volt. Den für die kanadischen Steckdosen erforderlichen Adapter kauft man am besten vor Reiseantritt.

Maße und Gewichte

1975 hat Kanada Maße und Gewichte auf das metrische System umgestellt. Seitdem geben Hinweisschilder auf Autobahnen die Entfernungen in Kilometern an, die Temperaturangaben sind in Grad Celsius ausgewiesen.

Zeitzonen und Uhrzeiten

Allein in Ostkanada gibt es drei Zeitzonen: **Eastern Time** (MEZ minus 6 Std.) in Ontario und Québec, **Atlantic Time** (MEZ minus 5 Std.) in Labrador, New Brunswick, Prince Edward Island und Nova Scotia sowie **Newfoundland Time** (MEZ minus 4,5 Std.) in Neufundland.

Sommerzeit (DST = Daylight Saving Time) gilt in ganz Kanada mit Ausnahme der Provinz Saskatchewan vom zweiten Sonntag im März bis zum ersten Sonntag im November .

Die Angabe von Uhrzeiten folgt einer Unterteilung des Tages in zweimal zwölf Stunden. Der Zusatz a.m. (ante meridiem) gilt bis mittags, die Angabe p.m. (post meridiem) für die zweite Tageshälfte.

Fast 1400 Flüge bieten Air Canada und seine regionalen Partner täglich an

■ Anreise

Der wichtigste internationale Flughafen Kanadas ist der Lester B. Pearson Airport in **Toronto**. Von dort verkehren mehrmals täglich auch nationale Flüge nach Montréal, Ottawa, Halifax und St.John's.

Air Canada fliegt ab Frankfurt und München nach Toronto und Montréal. Mit Lufthansa kommt man ab München nach Toronto, ab Frankfurt auch nach Montréal. Von April bis Oktober gibt es zusätzliche Charterflüge (air transat, air berlin, Condor). Die Austrian Airlines fliegt mehrmals wöchentlich von Wien nach Toronto und Montréal, die Swiss von Zürich nach Montréal.

■ Bank, Post, Telefon

Bank

Die Geldinstitute haben in der Regel Mo–Fr 10–16 Uhr geöffnet. In kleineren Orten ist über Mittag geschlossen.

Post

Postämter haben im Allgemeinen Mo–Fr 9.30–17.30 und Sa 9–12 Uhr geöffnet. Briefmarken gibt es außerdem in Hotels und Andenkenläden zu kaufen.

Telefon

Internationale Vorwahlen
Kanada 001
Deutschland 011 49
Österreich 011 43
Schweiz 011 41

In Kanada können **GSM-Mobiltelefone** nur dann genutzt werden, wenn sie auf der landesüblichen Frequenz von 1900 MHz (Triple Band Handy) arbeiten. Es gibt keinen flächendeckenden Netzzugang.

Öffentliche Telefone sind in Kanada weiter verbreitet als bei uns. Ob an Straßen, in Shopping Malls, in Restaurants, Bahnhöfen oder öffentlichen Gebäuden – überall hängen die schwarz-silbernen Pay phones, für die man für lokale Gespräche am besten 25-Cent-Münzen (quarters) bereithält.

Telefonkarten- oder **Kreditkarten-Telefone** sind ebenfalls weit verbreitet. Die verschiedenen Telefonkarten sind jedoch nicht immer außerhalb der jeweiligen Provinzgrenzen gültig, sondern nur an den Apparaten der jeweiligen Telefongesellschaft.

Wer Hilfe bei Fern- oder Auslandsgesprächen benötigt, kann mit 0 die Operator assistance anwählen.

■ Einkaufen

Öffnungszeiten

Die Ladenöffnungszeiten werden in Kanada großzügig gehandhabt, da es in dieser Hinsicht keine gesetzlichen Regelungen gibt. Im Allgemeinen sind die Geschäfte in den Städten Mo–Sa 9–18 Uhr, Do/Fr bis 21 Uhr geöffnet. Shopping Malls schließen oft erst gegen 22 Uhr. Sonntags kann man in vielen kleineren Läden einkaufen, während die großen Kaufhäuser meist geschlossen sind. Bestimmte Supermärkte haben sogar 24 Stunden auf.

Souvenirs

Zu den klassischen Mitbringseln aus Kanada zählen die kunsthandwerklichen Produkte der Indianer wie **Lederbeutel** oder **Mokassins** und der Inuit, deren **Figuren** aus Walknochen oder Speckstein ebenfalls in den meisten Souvenir Shops in reicher Auswahl zu finden sind. Beliebt sind zudem die gestrickten **Wollpullover** und handgefertigten **Quilts** aus den Atlantikprovinzen sowie natürlich der berühmte **Ahornsirup**: Ontario und Québec zählen zu den wenigen Regionen in der Welt, in welchen das Vitamin-C-reiche Süßungsmittel Maple Syrup hergestellt wird. Daneben eignen sich auch kanadischer **Whiskey** und ein guter **Wein** aus der Niagara-Region als Souvenirs.

Trinken mit Lizenz

Nicht in jedem Restaurant wird selbstverständlich **Alkohol** ausgeschenkt. In Speiselokalen, die die hierfür nötige Lizenz nicht besitzen, wird den Gästen unter dem Motto ›bring your own bottle‹ jedoch das Mitbringen ihrer eigenen alkoholischen Getränke gestattet.

Diskret in braunes Packpapier gewickelt, kann man den dafür nötigen Bedarf an Alkohol zuvor in den staatlichen ›Liquor stores‹ (in Québec heißen sie ›Société des alcools‹) einkaufen.

Gelungener Menue-Auftakt: Lachs, Melone und Weißwein aus Niagara-on-the-Lake

Steuern

Sämtliche Preisauszeichnungen für Güter und Dienstleistungen in Kanada sind **netto**, zu der Rechnungssumme addiert sich also noch die GST (Goods and services tax) von 5 %. Dazu kommen unterschiedlich hohe Steuern der Provinzen.

Essen und Trinken

Frühstück

Zum ›Breakfast‹ liebt es der Kanadier im Allgemeinen süß oder deftig. Pfannkuchen mit Ahornsirup (Maple syrup) oder Eier je nach Wunsch – als Rührei (scrambled), als Spiegelei (sunny side up), zweiseitig gebraten (overeasy) oder gekocht (boiled) – mit Schinken (Ham) oder Schinkenspeck (Bacon) sowie gebratenen Würstchen (Sausage) erfreuen sich großer Beliebtheit. Dazu gibt es meist Toast mit Butter und Marmelade (Jam). Kaffee wird immer kostenlos nachgeschenkt (Refill). Ein Continental breakfast entspricht in etwa unseren heimischen Gewohnheiten.

Mittag- und Abendessen

Die kanadische Küche variiert je nach Region. Da Kanada über viele Tausend Kilometer Küste verfügt, spielen Seafood-Restaurants mit ihrem reichen Angebot an Meeresfrüchten eine bedeutende Rolle. Daneben dominieren die allgegenwärtigen Fast-Food-Läden, die jedoch weitaus vielseitiger in der Auswahl ihrer Speisen sein können als die klassischen Burger-Ketten, und die zahlreichen Nationalitäten-Restaurants.

Hummer (Lobster) genießt in den Atlantikprovinzen nicht die Exklusivität wie in Europa, da er reichlich und relativ preiswert vorhanden ist. Er wird in allen nur denkbaren Variationen serviert, vom ganzen Hummer ›pur‹ bis zu ausgeklügelten Gourmetkreationen.

Austern (Oysters) von Prince Edward Island sind ebenso wie die überall an der Atlantikküste vorkommenden **Kammmuscheln** (Scallops) weitere kulinarische Leckerbissen. Ausgesprochen würzig und schmackhaft ist ›Chowder‹, eine sämige **Fischsuppe**, die mit Hummer- oder Muscheleinlage gegessen wird. Die Auswahl an Fischarten ist groß, da neben den Salz- auch die Süßwasserfische der Flüsse und zahllosen Seen häufig auf dem kanadischen Speiseplan stehen. So reicht die Palette der Speisefische denn auch vom **Lachs** bis zum **Heilbutt**, vom **Dorsch** bis zum **Hecht**.

Eine eigenständige Küche französischer Tradition hat sich in der Provinz Québec herausgebildet. Köstliche **Crêpes** wie in der Bretagne, mit Wild oder Geflügel gefüllte **Pasteten** und kalorienreiche, deftige **Suppen** bestimmen hier den Speiseplan, daneben aber auch typische Québecer Gerichte wie ›Fèves au lard‹ (Schweinefleisch mit Bohnen).

Steaks stehen in Kanada ähnlich hoch im Kurs wie in den USA. Das Fleisch ist meist qualitativ besser als bei uns. Bei der Bestellung fragt der Kellner immer nach dem Zubereitungswunsch. ›well done‹ heißt gut durchgebraten, ›medium‹ steht für außen knusprig, innen zart-rosa, und ›rare‹ für kurz angebraten und fast roh.

Getränke

Bei den Getränken dominieren **Soft drinks** wie Eistee oder Cola sowie Bier. Heimisches **Bier** ist im Allgemeinen besser als amerikanischer Gerstensaft. Die bekanntesten Marken sind Molson, Labatt und O'Keefe. Auch in Kanada ist Bier mit geringem Alkoholgehalt (Light beer) recht beliebt. Und bevor man sich beim

Wirt beschwert, sollte man wissen: Der Kanadier bevorzugt Bier ohne Schaum. Was in Deutschland als schlecht gezapft gilt, ist in Kanada normal.

Wein wird in der Gegend um die Niagara-Fälle angebaut. Das milde Mikroklima und die guten Böden eignen sich hervorragend dazu. Die Namen der Weingüter wie ›Hillebrand Winery‹ [s. S.33] verraten es: Einige der Winzer stammen aus Deutschland.

Das **Bedienungsgeld** (Tip, Gratuity) ist für Angestellte in Dienstleistungsberufen ein wesentlicher Bestandteil ihres Einkommens und nicht in der Restaurantrechnung enthalten. Der übliche Satz liegt bei etwa 15 % der Rechnungssumme. Man lässt das Trinkgeld für die Bedienung entweder auf dem Tisch liegen oder trägt den Betrag auf der Kreditkartenabrechnung ein.

■ Feiertage

Gesetzliche Feiertage sind New Year's Day (1. Januar), Good Friday (Karfreitag), Easter Monday (Ostern), Victoria Day (Montag vor dem 25. Mai), Canada Day (1. Juli), Labour Day (1. Montag im September), Thanksgiving (2. Montag im Oktober), Remembrance Day (11. November), Christmas (25. Dezember), Boxing Day (26. Dezember).

■ Festivals und Events

Historische Ereignisse oder regionales Brauchtum bilden den Hintergrund für zahlreiche Feste. Das ganze Jahr über wird viel gefeiert, am meisten aber während des Sommers.

Das Winterlude Festival begeistert junge Besucher mit Bauklötzen aus eingefärbtem Eis

Januar/Februar

Québec City: Carnaval. Die frostig-heiße Fete (www.carnaval.qc.ca) zieht Hunderttausende von Besuchern an. Paraden, Schneeskulptur-Wettbewerbe und Hundeschlittenrennen runden die ›närrische Woche‹ ab.

Februar

Ottawa: Winterlude Festival. Ausgelassene Feierlichkeiten rund um Schnee und Eis mit Kunst, Kultur und Sport.

März

Landesweit: Die traditionellen Ahornsirup-Festivals drehen sich um den Saft, der in der Zeit von Februar bis April in den riesigen kanadischen Wäldern gewonnen wird.

April bis Oktober

Niagara-on-the-Lake: Shaw Festival (www.shawfest.com). Aufführungen von Theaterstücken des irischen Dramatikers George Bernard Shaw.

April bis November

Stratford: Stratford Shakespeare Festival (www.stratfordfestival.ca). Shakespeare-Inszenierungen, Musicals und Konzerte mit international renommierten Schauspielern und Stars.

Mai

Annapolis Valley: Blossom-Festival in der Apfelkammer Ostkanadas.

Juni/Juli

Montréal: Auf dem Festival International de Jazz (www.montrealjazzfest.com) gibt sich die internationale Jazzszene ein Stelldichein. Dann verwandeln sich die Stadt und besonders der Place des Arts in eine einzige Bühne. In Konzertsälen, auf den Straßen und in den Clubs spielt die Crème der Jazzmusik vor begeisterten Fans auf.

Juli/August

St. John's: Signal Hill Tattoo. Historischer Zapfenstreich, der an das britische Infanterieregiment des 19. Jh. erinnert.

Toronto: Caribana (www.caribana toronto.com). Farbenprächtige Umzüge, veranstaltet von Einwanderern aus der Karibik.

August/September

Montréal: Das *Festival des Films du Monde* (www.ffm-montreal.org) zählt zu den renommiertesten internationalen cinéastischen Veranstaltungen. Neben einheimischen Produktionen bietet es ein Forum für Nachwuchsfilmer, europäische Arbeiten und Filme aus der Dritten Welt.

September

Niagara-on the Lake: Wine Festival (www.niagarawinefestival.com). Erntedankfest, Verkostungen und Seminare im Weinanbaugebiet.

Oktober

Kitchener-Waterloo: Oktoberfest (www.oktoberfest.ca) mit Kanadas längster Thanksgiving Day Parade. Gilt nach dem Münchener Original als die zweitgrößte ›Wiesn‹ der Welt.

November

Hamilton: Canadian Aboriginal Festival (www.canab.com). Die Ureinwohner präsentieren ein umfangreiches Kultur- und Folklore-Programm.

Klima und Reisezeit

In Kanada herrscht Kontinentalklima. Die Sommer sind relativ kurz und warm, die Winter lang, schneereich und äußerst kalt. Klima- und wetterbestimmend sind die riesige Landmasse, über die im **Winter** die Blizzards bis weit in die USA hinein fegen, die Großen Seen und der St.-Lorenz-Strom, die das lokale Wetter feuchter und zugleich milder machen, sowie der kalte Labradorstrom im Atlantik, der sich nach Süden ausdehnt und dem warmen Golfstrom entgegenwirkt. Im **Sommer** wiederum können subtropische Luftmassen ungehindert aus dem Süden vordringen und das große Land allmählich erwärmen.

In den Atlantikprovinzen wird das Wetter stärker vom Meer bestimmt. Regen und Nebel sind hier keine Seltenheit, das Klima ist gemäßigter als im kontinentalen Landesinneren.

Die **Hauptreisezeit** in Ostkanada sind die Monate Juli und August. Dann kann die Buchungslage bei Hotels und Fluglinien mitunter äußerst angespannt sein, da auch viele US-Amerikaner zu einem Kurztrip nach Norden aufbrechen. Auch der berühmte Indian Summer ist ein sehr beliebter Reisetermin. Die prachtvolle Laubfärbung, die hier intensiver abläuft als in Europa, lockt zahlreiche Naturliebhaber im September und Oktober nach Kanada.

Klimadaten Montréal

Monat	Luft (°C) min./max.	Sonnen- std./Tag	Regen- tage
Januar	-13/ -5	3	11
Februar	-11/ -4	5	9
März	-5/ 2	5	10
April	2/ 11	6	10
Mai	9/ 18	7	10
Juni	15/25	8	10
Juli	17/26	8	10
August	16/25	8	10
September	12/20	6	9
Oktober	6/ 14	4	10
November	0/ 6	2	12
Dezember	-9/ -3	2	12

Klimadaten Halifax

Monat	Luft (°C) min./max.	Sonnen- std./Tag	Regen- tage
Januar	-9/ 0	4	12
Februar	-9/ 0	5	10
März	-5/ 3	5	11
April	0/ 8	5	11
Mai	4/ 13	6	11
Juni	9/18	7	9
Juli	13/22	7	8
August	14/22	7	8
September	10/19	6	8
Oktober	5/13	5	9
November	1/ 8	4	12
Dezember	-6/ 2	3	14

Sport

Kanada ist eines der klassischen Länder für **Outdoor activities**. Wanderer und Mountainbiker kommen ebenso auf ihre Kosten wie Golfspieler, Kanuten, Angler, Segler oder Abenteuerlustige, die sich beim River Rafting kühn in die Stromschnellen stürzen.

Besonders attraktiv für alle, die sich gerne in freier Natur bewegen und sportlich betätigen, sind die zahlreichen **Nationalparks** (www.pc.gc.ca) und **Provinzparks**, die beispielsweise mehrere Tausend Kilometer Kanustrecken und unzählige Wanderwege bieten. Detaillierte Informationen zu sämtlichen Aktivitäten erteilen die Visitor Centres der jeweiligen Parks.

Durch kalte und schneereiche Winter angelockt, finden auch europäische **Wintersportler** Gefallen daran, Langlauf, Abfahrtslauf, einen schnellen Snowmobil-›Ritt‹ oder das Erlebnis eines Hundeschlittenrennens fern der überlaufenen Skigebiete Europas zu genießen.

Statistik

Lage: Ostkanada umfasst die Kernprovinz Ontario, das frankophone Québec sowie die atlantischen Provinzen Nova Scotia, New Brunswick, Prince Edward Island sowie Neufundland und Labrador. Im Westen wird Ostkanada geographisch von der Zentralprovinz Manitoba, im Osten vom Atlantik, im Süden von den USA und im Nordwesten von der Hudson Bay begrenzt.

Verwaltung: Die sechs Provinzen Ostkanadas besitzen jeweils eine eigene Regierung und ein Parlament.

Fläche: Der Osten Kanadas misst rund 2 800 000 km², das sind knapp 30 % der Staatsfläche.

Bevölkerung: Ein Drittel der über 34 Mio. Einwohner Kanadas hat britische, ein Viertel französische Vorfahren, jeweils ein Fünftel andere europäische oder asiatische Ursprünge, etwa 3 % sind afrikanischer Herkunft. Über zwei Drittel der Bevölkerung Kanadas leben in den östlichen Provinzen.

Hauptstadt: Ottawa

Wirtschaft: Kanadas Wirtschaft ist eng mit der Ökonomie der USA verzahnt: Etwa 75 % der Ausfuhren und 70 % der Importe werden mit ihnen abgewickelt. Bodenschätze und Holz exportiert das Land in großem Umfang. Auch in der Agrarproduktion ist es führend, gehört es doch u.a. zu den weltgrößten Weizenlieferanten. Der Fischfang und die weiterverarbeitende -industrie sind vor allem in Ostkanada traditionell stark vertreten. Die großen Städte sind bedeutende Dienstleistungszentren. Im industriellen Sektor spielen der Fahrzeug- und Maschinenbau sowie die Energiegewinnung wichtige Rollen. Der Wasserreichtum hat dazu geführt, dass Kanada Strom im Überschuss produziert und in beträchtlichen Mengen verkauft.

Unterkunft

Bed & Breakfast

Das Bed & Breakfast-Angebot (www.bbcanada.com) gehört zu den für die Reisenden attraktivsten Übernachtungsmöglichkeiten. Die häufig sehr familiäre Atmosphäre eines B & B und eine meist gute Küche sind nahezu sprichwörtliche Pluspunkte dieser Unterkünfte.

In zahlreichen Orten bieten **Historic Bed & Breakfast Houses** Zimmer mit antikem Mobiliar an, sodass man sich in einer Villa viktorianischen Stils leicht in die gute alte Zeit zurückversetzen kann. Das Übernachten und Frühstücken in historischem Ambiente ist in der Regel etwas teurer als das ›normale‹ Bed & Breakfast.

Das meist an der Einfahrt aufgestellte Schild ›Vacancies‹ weist auf freie Zimmer hin, während ›No vacancies‹ signalisiert, dass das Haus ausgebucht ist.

Camping

Reichlich Gelegenheit zum Camping bieten die **Nationalparks**. Ob bequem im Motorhome oder im Zelt, die Bandbreite für das Bett unter Bäumen ist groß. Doch sollten die Campgrounds der Nationalparks (www.pccamping.ca) unbedingt frühzeitig reserviert werden.

Die **CAA**, das kanadische Pendant zum ADAC, gibt u.a. das ›Eastern Canada Camp Book‹ heraus, in dem auch die zahlreichen Plätze außerhalb der Nationalparks verzeichnet sind.

Country Inns

Country Inns sind etwas größer als Bed & Breakfasts, ähneln eher kleinen Hotels. Sie zeichnen sich oft durch eine elegante Atmosphäre aus. Im Allgemeinen wird zur Übernachtung Frühstück angeboten. Die Übernachtungspreise liegen etwas höher als bei B & Bs.

Hotels

Viele der großen internationalen **Hotelketten** (u.a. Holiday Inn, Hilton, Four Seasons, Marriott) sind in Kanada vertreten. Die **Kategorisierung** der Hotels von Häusern mit einfachem Standard bis zur Luxusklasse entspricht etwa der Europas.

Die **Preisangaben** der Hotels beziehen sich im Allgemeinen auf Doppelzimmer ohne Frühstück. Zusätzliche Übernachtungsgäste im Zimmer zahlen nur einen geringen Aufschlag, dafür gibt es kaum Nachlässe für Einzelpersonen. Für Kinder, die mit ihren Eltern in einem Zimmer untergebracht sind, werden in der Regel keine Kosten erhoben.

Motels

Eine preiswerte und bequeme Alternative für alle, die ›on the road‹ übernachten müssen, sind die zumeist außerhalb der Zentren an den größeren Straßen

Behagliches Wohnen in einem ›Old Quebec Room‹ des Fairmont Château Frontenac

gelegenen Motels. Viele gehören Ketten an, sodass der Gast in den jeweiligen Häusern ein gleichbleibendes Service-Niveau erwarten kann. Bekannte Ketten sind Best Western, Super 8 und Motel 6.

Verkehrsmittel im Land

Bahn

Die kanadischen Züge sind im Allgemeinen komfortabel und bieten einen guten Service. Wer Zeit mitbringt, sollte sich den **Coast-to-coast-trip** nicht entgehen lassen. Drei Tage dauert die Reise im The Canadian von Toronto nach Vancouver, Zwischenstopps nicht eingerechnet. Bei allen Zügen der kanadischen Eisenbahn **VIA Rail** (www.viarail.ca) besteht eine Reservierungspflicht.

Mit dem **Canrailpass**, der für 7 Reisen innerhalb von 21 Tagen gültig ist, können Vielfahrer Kanada erkunden. Der **Canrailpass Corridor** gilt innerhalb von 10 Tagen für 7 Reisen in der Region zwischen Québec und Windsor. Kinder, Jugendliche, Studenten sowie Senioren ab 60 Jahren erhalten Ermäßigungen. Auskunft:

Via Rail Canada, Canada Reise Dienst, Stadthausbrücke 1–3, 20355 Hamburg, Tel. 040/300 61 60, www.crd.de

Bus

Überlandbusse, die die Städte miteinander verbinden, sind für Leute mit Zeit und knappem Budget eine preiswerte Alternative zum Mietwagen oder Flugzeug. Busterminals von Gesellschaften wie **Greyhound Canada** (www.greyhound. ca) oder **Acadian Lines** (www.acadianbus. com) befinden sich in jeder größeren Stadt. Günstig sind **Bus-Pässe**, mit denen man auf dem Streckennetz einer Linie eine bestimmte Zahl von Fahrten zurücklegen kann.

Flugzeug

Fliegen ist aufgrund der riesigen Entfernungen in Nordamerika so normal wie Autofahren. Dementsprechend verbindet das Flugnetz selbst entlegene kleine Gemeinden mit den größeren Städten. Air Canada bedient auch viele Inlandstrecken. Wer aus dem Ausland nach Kanada reist, kann in Verbindung mit seinem Transatlantik-Ticket schon zu Hause **Flugcoupons** für kostengünstige Inlandflüge erwerben. Große nationale und internationale Streckennetze unterhalten auch WestJet (www.westjet.com) und CanJet (www.canjet.com).

Air Canada, Hahnstraße 70, 60528 Frankfurt/Main, Tel. 069/27 11 51 11, www.aircanada.ca

Mietwagen

Der Mietwagen ist das von den meisten Reisenden in Kanada bevorzugte Verkehrsmittel, da viele kleinere Orte sowie die Nationalparks nur mit dem eigenen fahrbaren Untersatz zu erreichen sind. Zudem sind die **Benzinpreise** in Ostkanada niedriger als in Europa.

Wer bereits zu Hause bucht, kann preisgünstige Komplettangebote nutzen. Für ADAC Mitglieder bietet die **ADAC Autovermietung GmbH** günstige Konditionen – Informationen und Buchungen über die ADAC-Geschäftsstellen und unter Tel. 018 05/31 81 81 (0,14 €/Min.) und 089/76 76 34 34.

Wer erst im Land selbst ein Auto mieten möchte, benötigt eine Kreditkarte, die die meisten Firmen für die **Kaution** verlangen. Grundsätzlich muss der Fahrer über 21 Jahre (mancherorts sogar 25 Jahre) alt sein. Es empfiehlt sich, zusätzlich zum **nationalen Führerschein** den Internationalen Führerschein mitzuführen, der bei Verkehrskontrollen und der Anmietung eines Fahrzeuges erst in Kanada hilfreich sein kann.

Ratsam ist es, sich vorab nach der **Rückführgebühr** (Drop off charge) zu erkundigen, die anfällt, wenn man den Wagen nicht am Ort der Anmietung abgibt.

Sprachführer

Englisch für die Reise

■ Das Wichtigste in Kürze

Ja/Nein	Yes/No
Bitte/Danke	Please/Thank you
In Ordnung/	All right/Agreed
Einverstanden	
Entschuldigung!	Excuse me!
Wie bitte?	Pardon?
Ich verstehe Sie nicht.	I don't understand.
Ich spreche nur	I only speak
wenig Englisch.	a little English.
Können Sie mir	Can you help me,
bitte helfen?	please?
Das gefällt mir/ Das	I like that/
gefällt mir nicht.	I don't like that.
Ich möchte ...	I would like ...
Haben Sie ...?	Do you have ...?
Gibt es ...?	Is there ...?
Wie viel kostet das?/	How much is that?
Wie teuer ist ...?	
Kann ich mit Kredit-	Can I pay by
karte bezahlen?	credit card?
Wie viel Uhr ist es?	What time is it?
Guten Morgen!	Good morning!
Guten Tag!	Good morning!/
	Good afternoon!
Guten Abend!	Good evening!
Gute Nacht!	Good night!
Hallo! Grüß Dich!	Hello!
Wie ist Ihr Name,	What's your name,
bitte?	please?
Mein Name ist ...	My name is ...

Ich bin Deutsche(r).	I´m German.
Ich bin aus Deutschland.	I´m from Germany.
Wie geht es Ihnen?	How are you?
Auf Wiedersehen!	Good bye!
Tschüs!	See you!
gestern/heute/	yesterday/today/
morgen	tomorrow
am Vormittag/	in the morning/
am Nachmittag	in the afternoon
am Abend/	in the evening/
in der Nacht	at night
um 1 Uhr/	at one o'clock/
um 2 Uhr ...	at two o'clock ...
um Viertel vor (nach) ...	at a quarter to (past) ...
um ... Uhr 30	at ... thirty
Minuten/Stunden	minutes/hours
Tage/Wochen	days/weeks
Monate/Jahre	months/years

■ Wochentage

Montag	Monday
Dienstag	Tuesday
Mittwoch	Wednesday
Donnerstag	Thursday
Freitag	Friday
Samstag	Saturday
Sonntag	Sunday

■ Monate

Januar	January
Februar	February
März	March
April	April
Mai	May
Juni	June
Juli	July
August	August
September	September
Oktober	October
November	November
Dezember	December

■ Zahlen

0	zero	20	twenty
1	one	21	twenty-one
2	two	22	twenty-two
3	three	30	thirty
4	four	40	forty
5	five	50	fifty
6	six	60	sixty
7	seven	70	seventy
8	eight	80	eighty
9	nine	90	ninety
10	ten	100	a (one) hundred
11	eleven	200	two hundred
12	twelve	1 000	a (one) thousand
13	thirteen		
14	fourteen	2 000	two thousand
15	fifteen	10 000	ten thousand
16	sixteen	1 000 000	a million
17	seventeen	½	a (one) half
18	eighteen	¼	a (one) quarter
19	nineteen		

■ Maße

Kilometer	kilometre
Meter	metre
Zentimeter	centimetre
Kilogramm	kilogramme
Pfund	pound
Gramm	gramme
Liter	litre

Unterwegs

Nord/Süd/West/ Ost	north/south/west/ east
geöffnet/ geschlossen	open/ closed
geradeaus/links/ rechts/zurück	straight on/left/ right/back
nah/weit	near/far
Wie weit ist es?	How far is it?
Wo sind die Toiletten?	Where are the restrooms?
Wo ist die (der) nächste ... Telefonzelle/ Bank/Post/ Polizeistation/ Geldautomat?	Where is the nearest ... pay phone/ bank/post office/ police station/ ATM (Automated Teller Machine)
Wo ist ... der Hauptbahnhof/ die U-Bahn/ der Flughafen?	Where is the ... main train station/ subway station/ airport, please?
Wo finde ich ein(e, en)? Apotheke/ Bäckerei/ Fotoartikel/ Kaufhaus/ Lebensmittelgeschäft/ Markt?	Where can I find a ... pharmacy/ bakery/ photo shop/ department store/ food store/ market?
Ist das der Weg/ die Straße nach ...?	Is this the way/ the road to ...?
Gibt es einen anderen Weg?	Is there another way?
Ich möchte mit ... dem (der) Zug/Schiff/Fähre/ Flugzeug nach ... fahren.	I would like to go to ... by ... train/ship/ferry/ airplane.
Gilt dieser Preis für Hin- und Rückfahrt?	Is this the round trip fare?
Wie lange gilt das Ticket?	How long will the ticket be valid?
Wo ist ... das Tourismusbüro/ ein Reisebüro?	Where is ... the tourist office/ a travel agency?
Ich benötige eine Hotelunterkunft.	I need a hotel.
Wo kann ich mein Gepäck lassen?	Where can I leave my luggage?
Ich habe meinen Koffer verloren.	I lost my suitcase.

Zoll, Polizei

Ich habe etwas/ nichts zu verzollen.	I have something/ nothing to declare.
Nur persönliche Dinge.	Only personal belongings.
Hier ist die Quittung.	Here is the receipt.

Hier ist mein(e) ... Geld/ Pass/ Personalausweis/ Kfz-Schein/	Here is my ... money/ passport/ ID card/ certificate of registration/
Versicherungskarte.	car insurance card.
Ich fahre nach ... und bleibe ... Tage/Wochen.	I'm going to ... to stay there for ... days/weeks.
Ich möchte eine Anzeige erstatten.	I would like to report an incident.
Man hat mein(e, en)... Geld/ Tasche/ Papiere/ Schlüssel/ Fotoapparat/ Koffer/ Fahrrad gestohlen.	Someone stole my ... money/ bag/ papers/ keys/ camera/ suitcase/ bicycle.
Verständigen Sie bitte das/die Deutsche Konsulat/Botschaft.	Please notify the German consulate/embassy.

Freizeit

Ich möchte ein ... Fahrrad/ Motorrad/ Surfbrett/ Mountainbike/ Boot/ Pferd ... mieten.	I would like to rent a ... bicycle/ motorcycle/ surf board/ mountain bike/ boat/ horse.
Gibt es ein(en) Freizeitpark/ Freibad/ Golfplatz/ Strand ... in der Nähe?	Is there a ... theme park/ outdoor swimming pool/ golf course/ beach ... in the area?
Wann hat ... geöffnet?	What are the opening hours of ...?

Bank, Post, Telefon

Ich möchte Geld wechseln.	I would like to change money.
Brauchen Sie meinen Ausweis?	Do you need my passport?
Wo soll ich unter- schreiben?	Where should I sign?
Ich möchte eine Telefonverbindung nach ...	I would like to make a phone call to ...
Wie lautet die Vorwahl für ...?	What is the area code for ...?
Wo gibt es ... Telefonkarten/ Briefmarken?	Where can I get ... phone cards/ stamps?

Tankstelle

Wo ist die nächste Tankstelle?	*Where is the nearest gas station?*
Ich möchte ...	*I would like ...*
Liter ...	*litres of*
Super/Diesel / bleifrei.	*premium/diesel/ unleaded.*
Volltanken, bitte.	*Fill it up, please.*
Bitte, prüfen Sie ...	*Please check the ...*
den Reifendruck/	*tire pressure/*
den Ölstand/	*oil level/*
den Wasserstand/	*water level/*
das Wasser für die Scheibenwisch- anlage/	*washer fluid level/*
die Batterie.	*battery.*
Würden Sie bitte ...	*Would you please ...*
den Ölwechsel/	*change the oil/*
den Radwechsel vornehmen/	*change the tires/*
die Sicherung austauschen/	*change the fuse/*
die Zündkerzen erneuern/	*replace the spark plugs/*
die Zündung nachstellen?	*adjust the ignition?*

Panne

Ich habe eine Panne.	*My car's broken down.*
Der Motor startet nicht.	*The engine won't start.*
Ich habe die Schlüssel im Wagen gelassen.	*I left the keys in the car.*
Ich habe kein Benzin/ Diesel.	*I've run out of gas/ diesel.*
Gibt es hier in der Nähe eine Werkstatt?	*Is there a garage nearby?*
Können Sie mein Auto abschleppen?	*Could you tow my car?*
Können Sie mir einen Abschleppwagen schicken?	*Could you send a tow truck?*
Können Sie den Wagen reparieren?	*Could you repair my car?*
Bis wann?	*By when?*

Mietwagen

Ich möchte ein Auto mieten.	*I would like to rent a car.*
Was kostet die Miete ...	*How much is the rent ...*
pro Tag/pro Woche/	*per day/per week/*
mit unbegrenzter km-Zahl/	*including unlimited kilometres/*
mit Kasko- versicherung/	*including CDW (Collision Damage Waiver)/*
mit Kaution?	*with deposit?*

Wo kann ich den Wagen zurückgeben?	*Where can I return the car?*

Unfall

Hilfe!	*Help!*
Achtung!/Vorsicht!	*Attention!/Caution!*
Rufen Sie bitte schnell ...	*This is an emergency, please call ...*
einen Krankenwagen/	*an ambulance/*
die Polizei/	*the police/*
die Feuerwehr.	*the fire services.*
Es war (nicht) meine Schuld.	*It was (not) my fault.*
Geben Sie mir bitte Ihren Namen und Ihre Adresse.	*Please give me your name and address.*
Ich brauche die Angaben zu Ihrer Autoversicherung.	*I need the details of your car insurance.*

Krankheit

Können Sie mir einen guten Deutsch sprechenden Arzt/ Zahnarzt empfehlen?	*Can you recommend a good German- speaking doctor/ dentist?*
Wann hat er Sprech- stunde?	*What are his office hours?*
Wo ist die nächste Apotheke?	*Where is the nearest pharmacy?*
Ich brauche ein Mittel gegen ...	*I need medication for ...*
Durchfall/	*diarrhea/*
Halsschmerzen/	*a sore throat/*
Fieber/	*fever/*
Insektenstiche/	*insect bites/*
Verstopfung/	*constipation/*
Zahnschmerzen.	*toothache.*

Hotel

Können Sie mir bitte ein Hotel/eine Pension empfehlen?	*Could you please recommend a hotel/ Bed & Breakfast?*
Ich habe bei Ihnen ein Zimmer reserviert.	*I booked a room with you.*
Haben Sie ein ...	*Do you have a ...*
Einzel-/Doppel- zimmer ...	*single/double room ...*
mit Dusche/ Bad/WC/	*with shower/ bath/bathroom?*
für eine Nacht/	*for a night/*
für eine Woche?	*for a week?*
Was kostet das Zimmer	*How much is the room*
mit Frühstück/	*with breakfast/*
mit zwei Mahlzeiten?	*with two meals?*

Wie lange gibt es Frühstück?	*How long is breakfast served?*
Ich möchte um ... geweckt werden.	*Please wake me up at ...*
Wie ist hier die Stromspannung?	*What is the power voltage here?*
Ich reise heute abend/ morgen früh ab.	*I´m leaving tonight/ tomorrow morning.*
Haben Sie ein Faxgerät/ einen Internetzugang/ einen Hotelsafe?	*Do you have a fax machine/ internet access/ a hotel safe?*
Akzeptieren Sie Kreditkarten?	*Do you accept credit cards?*

Restaurant

Wo gibt es ein gutes/ günstiges Restaurant?	*Where is there a good/ inexpensive restaurant?*
Die Speisekarte/ Getränkekarte, bitte.	*The menu/ the wine list, please.*
Ich möchte das Tagesgericht/Menü (zu…)	*I like the dish of the day (at ...).*
Welches Gericht können Sie besonders empfehlen?	*What do you recommend?*
Ich möchte nur eine Kleinigkeit essen.	*I only want a snack.*
Gibt es vegetarische Gerichte?	*Do you serve any vegetarian dishes?*
Haben Sie offenen Wein?	*Do you serve wine by the glass?*
Welche alkoholfreien Getränke haben Sie?	*What kind of soft drinks do you have?*
Haben Sie Mineralwasser mit/ ohne Kohlensäure?	*Do you have sparkling water/ non-sparkling water?*
Das Steak bitte ... englisch/medium/ durchgebraten.	*The steak ... rare/medium/ well-done, please.*
Kann ich bitte ... ein Messer/ eine Gabel/ einen Löffel haben?	*May I have ... a knife/ a fork/ a spoon, please?*
Darf man rauchen?	*Is smoking allowed?*
Rechnung/Bezahlen, bitte.	*The bill, please.*

Essen und Trinken

Abendessen	*dinner*
Ananas	*pineapple*
Apfelkuchen	*apple pie*
Bier	*beer*
Birnen	*pears*
Bratkartoffeln	*fried potatoes*
Brot/Brötchen	*bread/rolls*
Butter	*butter*

Ei	*egg*
Eier mit Speck	*bacon and eggs*
Eiscreme	*ice-cream*
Erbsen	*peas*
Erdbeeren	*strawberries*
Essig	*vinegar*
Fisch	*fish*
Fleisch	*meat*
Fleischsoße	*gravy*
Frühstück	*breakfast*
Gebäck	*pastries*
Geflügel	*poultry*
Gemüse	*vegetable*
Gurke	*cucumber*
Hähnchen	*chicken*
Hammelfleisch	*mutton*
Honig	*honey*
Hummer	*lobster*
Kaffee	*coffee*
Kalbfleisch	*veal*
Kartoffeln	*potatoes*
Kartoffelbrei	*mashed potatoes*
Käse	*cheese*
Kohl	*cabbage*
Kuchen	*cake*
Lachs	*salmon*
Lamm	*lamb*
Leber	*liver*
Maiskolben	*corn-on-the-cob*
Marmelade	*jam*
Mittagessen	*lunch*
Meeresfrüchte	*seafood*
Milch	*milk*
Mineralwasser	*mineral water*
Nieren	*kidneys*
Obst	*fruit*
Öl	*oil*
Pfannkuchen	*pancakes*
Pfeffer	*pepper*
Pfirsiche	*peaches*
Pilze	*mushrooms*
Pommes frites	*french fries*
Reis	*rice*
Reh/Hirsch	*venison*
Rindfleisch	*beef*
Rührei	*scrambled eggs*
Sahne	*cream*
Salat	*salad*
Salz	*salt*
Schinken	*ham*
Schlagsahne	*whipped cream*
Schweinefleisch	*pork*
Sekt	*sparkling wine*
Suppe	*soup*
Thunfisch	*tuna*
Truthahn	*turkey*
Vanillesoße	*custard*
Vorspeisen	*hors d´œuvres*
Wein (Weiß/Rot/Rosé)	*wine (white/red/rosé)*
Würstchen	*sausages*
Zucker	*sugar*
Zwiebeln	*onions*

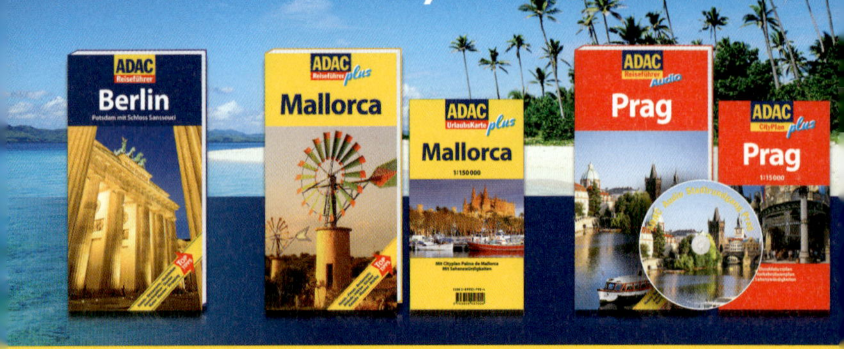

Register

Bildnachweis

Umschlag-Vorderseite: Skyline von Toronto
Foto: Corbis (Philip Cheung)

Titelseite
Oben: Sharp Centre for Design/Toronto
(Wh. von S. 24)
Mitte: Musée national des beaux-arts du
Québec (Wh. von S. 76)
Unten: Killarney Provincial Park/Ontario
Foto: All Canada Photos (Janusz Wrobel)

A1 Pix: 32 (Your Photo Today) – Action Press: 15 unten – Agentur Bilderberg: 63 (Tibor Bognar) – Air Canada: 129 – Akg-Images: 13 – Alimdi.net: 14 oben (Jim West) – ANA: 58/59 (Jean-François Rollinger) – Aurora Photos: 31 (Rhea Anna) – Bildagentur Huber: 9 (Kaos03), 30/31, 56/57, 74, 84, 105 (R. Schmid) – Bildagentur Online: 77 (Design Pics), 80/81 (Stock Connect) – Corbis: 5/1 (Gordon Wiltsie), 7 Mitte, 22/23 (Tibor Bognár), 8/9, 71, 76, 126 Mitte links (Mathieu Belanger), 10/11, 116 (Mike Grandmaison), 11 Mitte links, 112/113 (Paul Darrow), 12, 14 unten (Bettmann), 15 oben (Stephanie Diani), 18/19 (Henry Georgi), 25 (Mark Blinch), 28/29), 82/83, 92/93, 109 (All Canada Photos/Barrett & MacKay), 41 (Rob Howard), 42/43 (Chris Wattie), 45 (Miles Ertman), 48 (Radius Images), 50/51, 121 (All Canada Photos/Rolf Hicker), 67 (William Manning), 69 (Rudy Sulgan, 88, 126 oben links (All Canada Photos/Ron Erwin), 90/91 (Dave Bartruff), 108/109 (All Canada Photos/Darwin Wiggett), 110/111 (Blaine Harrington), 111 (All Canada Photos/ Russ Heinl), 117 (Ethan Meleg/All Canada Photos), 122/123 (Richard Cummins) – CTC Toronto tourism people advertising: 126 Mitte rechts – Dpa Picture Alliance: 8 rechts, 100 (Bildagentur-online) – F1online: 79, 86, 96/97, 114/115 (All Canada Photos) – Fairmont Le Château Frontenac: 72/73, 135 – Getty Images: 21 (Angelo Cavalli), 46/47 (Dennis McColeman), 53 (National Geographic), 54/55 (Jean-Pierre Lescourret), 87 (Dale Wilson), 106/107 (Stephen Saks), 112 (Pete Ryan), 118 (First Light) – Hotel de Glace: 126 unten (XDachez2008) – Laif: 8 links (Hoa-Qui/Patrik Escudero), 11 Mitte rechts, 89 (Philippe Renault), 3/1, 26/27, 64/65 (Christian Kerber), 78 (Redux), 102/103 (Christian Heeb), 131 (Frank Tophoven) – Mauritius Images: 6/7 (Rolf Hicker), 16/17 (Wave), 23 (First Light), 24, 29, 36/37, 66, 85, 94/95, 95, 99, 104, 132 (Alamy), 34 (John Warburton-Lee), 38/39 (Hemis/Patrik Escudero), 101, 125 (AGE) – Süddeutscher Verlag/Bilderdienst: 119 – Thomas Peter Widmann: 35, 70 – Ernst Wrba: 39 – Vario Images: 7 oben, 33 (First Light) – Visum: 48/49 (Holde Schneider)

Impressum

Redaktionsleitung: Dr. Dagmar Walden
Lektorat: Astrid Rohmfeld
Bildredaktion: Jörg Fokuhl
Aktualisierung: Helmuth Meyer
Karten: Computerkartographie Carrle, München
Layout: Michael Bibl
Herstellung: Ralph Melzer
Druck, Bindung: Rasch Druckerei und Verlag,
Bramsche
Printed in Germany

Ansprechpartner für den Anzeigenverkauf:
Kommunalverlag GmbH & Co KG,
MediaCenterMünchen, Tel. 089/92 80 96 44

ISBN 978-3-89905-888-8

Neu bearbeitete Auflage 2011
© ADAC Verlag GmbH, München